Lothar Gassmann

Fühlen
statt zu denken

Geheime Gehirnwäsche
durch „Gruppendynamik"
– und wie Sie sich
davor schützen können

Stephanus-Edition · Uhldingen

ISBN 3-922816-03-7

© 1991 LITERA PRINTAG, CH-8280 Kreuzlingen

(Überarbeitete Neuauflage des Buches „Gruppendynamik –
Hintergründe und Beurteilung", das 1984 im Hänssler-Verlag,
Neuhausen-Stuttgart, erschienen ist).

Hergestellt in Deutschland für
Stephanus Edition Verlags GmbH
7772 Uhldingen
Titelbildgrafik: Werner Kentner
Druck: Ebner Ulm
Satz: Stephanus Druck GmbH
1. Auflage 1991

Alle Rechte der Verbreitung auch durch
Funk und Fernsehen, fotomechanische Wiedergabe,
Ton- und Bildträger jeder Art und
auszugsweisen Nachdruck sind vorbehalten.

Inhaltsverzeichnis

Einleitung 7
1. Grundlagen und Definitionen 9
   1.1 Was ist Gruppendynamik? 9
   1.2 Methoden und Formen 15
   1.3 Was ist eine Ideologie? 24
2. Das Gottes-, Welt- und Menschenbild der Gruppendynamiker – ideologische Hintergründe 27
   2.1 Jacob L. Moreno 27
   2.2 Kurt Lewin 32
   2.3 Carl Rogers 35
   2.4 Andere 39
      2.4.1 Fritz Perls 39
      2.4.2 Ruth Cohn 41
      2.4.3 Joachim Scharfenberg 44
      2.4.4 Dietrich Stollberg 45
   2.5 Emanzipatorische Gruppendynamik .. 49
      2.5.1 Jürgen Habermas 50
      2.5.2 Jürgen Fritz 52
      2.5.3 Max Pagès 53
   2.6 Gruppendynamik und Welteinheitsideologie 54
   2.7 Zusammenfassung 58
3. Empirisch begründete Kritik an der Gruppendynamik 60
4. Das biblische Reden über Gott, Mensch und Welt – theologische Auseinandersetzung mit der Gruppendynamik ....
   4.1 Gott ist transzendent und wirklich; er geht in die Immanenz ein, aber nicht in ihr auf 68
   4.2 Gott schuf den Menschen als sein persönliches Gegenüber 69
   4.3 Gott stellte den Menschen in gute Schöpfungsordnungen und gab ihm Gebote, die

das Leben und Zusammenleben sichern sollten	72
4.4 Seit jeher wollte der Mensch autonom sein: Er trennte sich von Gott und verfiel damit der Wirklichkeit der Sünde	74
4.5 In seinem selbstbezogenen Machbarkeitswahn vertauschte der Mensch die vom Geist Gottes gewirkte Gemeinschaft mit selbstgewirkter seelischer (und z.T. körperlicher) Gemeinschaft: In der Gruppe strebt er auf dem Weg der Selbsttranszendierung nach quasi-religiösen Erfahrungen und nach Selbsterlösung (von unten nach oben)	75
4.6 Indem der Mensch von sich aus nach Transzendenz strebt, öffnet er sich der Verführungsgewalt dämonischer Mächte, die ihm anbieten, zu sein wie Gott	80
4.7 Die Befreiung des Menschen aus seiner selbstbezogenen Verlorenheit und seinem Verfallensein an dämonische Mächte kann nur „von oben nach unten" erfolgen: Gott kommt zum Menschen und bietet ihm in Jesus Christus neue Gemeinschaft und Erlösung an	84
4.8 Ergebnis	86
5. Alternativen	92
5.1 Biblische Seelsorge	92
5.2 Wie begegne ich einer gruppendynamischen Situation?	98
6. New Age und Humanistische Psychologie – eine gefährliche Verbindung	102
Anmerkungen	111
Literaturverzeichnis	122
Fremdwörterverzeichnis	129
Weitere Veröffentlichungen	143

Einleitung

„Fühle, statt zu denken!" – „Laß alles los!" – „Vergiß, was war! Lebe nur im Hier und Jetzt!" – „Öffne dich ganz der Gruppe!" – „Die Gruppe ist dein Hirte. Die Gruppe ist bei dir." – Haben Sie solche Sätze schon einmal gehört? Dann waren auch Sie vielleicht schon einmal in einer gruppendynamischen Situation.

Gruppendynamik ist heute weit verbreitet, obwohl kaum jemand den Begriff kennt. In Heilstätten und Schulen, in Selbsterfahrungsgruppen und Seminaren, in Ausbildungsprogrammen für Medizin, Wirtschaft und Kirche wird immer wieder mit gruppendynamischen Methoden gearbeitet. In jedem Kurs, bei jeder Tagung, überall, wo sich eine Gruppe trifft, muß man damit rechnen, auf Gruppendynamik zu stoßen. Es braucht nur einer dabeizusein, der – oft unangekündigt – gruppendynamische Methoden einsetzt.

Was ist Gruppendynamik überhaupt? Schon hier gibt es große Verwirrung. Gruppendynamik tritt fast nie unter ihrem eigentlichen Namen auf, sondern in vielfach veränderten Formen unter den verschiedensten Bezeichnungen. So wird eingeladen zu Selbsterfahrungs-, Encounter-, Sensitivitäts- und Gesprächsgruppen – und es handelt sich womöglich um Gruppendynamik. So nimmt man teil an einer Klinischen Seelsorgeausbildung, an einem Interaktions-, Konfrontations-, Kooperations-, Solidaritäts- und Kontakttraining – und man trifft auf Gruppendynamik. So hört man von Themenzentrierter Aktion, Gestalttherapie, Psychodrama, Synanon, Transaktionsanalyse, Bioenergetik und Miniaturgesellschaft – und es ist Gruppendynamik. Alle diese Formen sind im Kern gleich aufgebaut und haben das gleiche Ziel, nämlich *die Veränderung von Menschen durch Menschen.*

Diese Veränderung kann im kleinen *persönlichen,* aber auch im großen *politischen* Maßstab geschehen. *Neben den Massenmedien ist Gruppendynamik die mächtigste Waffe der Manipulation.* So ist es kein Zufall, daß gruppendynamische Techniken neuerdings auch von Vertretern der *New-Age-Bewegung* propagiert werden. Diese wollen damit die „Transformation" (Umwandlung des Fühlens, Denkens und Handelns) auslösen – zunächst bei einzelnen und dann bei der Gesellschaft (vgl. Marilyn Ferguson, Die sanfte Verschwörung. Persönliche und gesellschaftliche Transformation im Zeitalter des Wassermanns).

Wir sollten sehr wachsam sein, um nicht der Manipulation durch Gruppendynamik zu verfallen. Diese zieht (zum Teil sehr „freundlich" getarnt) immer weitere Kreise – bis in die Kirchen hinein. Wenn man auch heute weitgehend von den „harten" Formen (z. B. Nackt-Encounter) abgerückt ist, so sind die „gemäßigten" Techniken doch nicht weniger gefährlich. Denn sie verfolgen das gleiche Ziel, nur auf eine nicht sofort erkennbare Weise.

Dieses Buch möchte dazu helfen, gruppendynamische Grundstrukturen und Techniken zu durchschauen, ihren weltanschaulichen Hintergrund offenzulegen und sich vor seelischer Versklavung zu schützen. Ferner möchte es dazu beitragen, den wahren Arzt und Heiland der Seelen zu finden: Jesus Christus, den Sohn des lebendigen Gottes.

1. Grundlagen und Definitionen

1.1 Was ist Gruppendynamik?

Angesichts der großen Begriffsverwirrung, die mit dem Allerweltsgebrauch des deutschen Wortes „Gruppendynamik" zusammenhängt, ist eine klare Unterscheidung Voraussetzung für jedes Gespräch über Gruppendynamik.

Nach Gudjons[1] umschließt der Begriff „Gruppendynamik":
a) „eine Reihe von Phänomenen, die sich im Leben jeder Gruppe abspielen, gleichgültig, ob die Gruppe diese bewußt wahrnimmt oder nicht";

b) „ein Forschungsgebiet mehrerer Wissenschaften, die sich mit den Vorgängen in Gruppen, ihren Strukturen und Gesetzmäßigkeiten beschäftigen";

c) „bewußt angewandte Gruppendynamik" mit einem „Bündel verschiedenster Methoden und Techniken" und dem Hauptziel verbesserter Selbst- und Fremdwahrnehmung;

d) „eine politische Ideologie", die zwischenmenschliche Probleme lösen will, etwa nach Art des Lewinschen Demokratisierungsprogramms (s. u. 2.2).

Demgegenüber stellt z. B. die weitverbreitete Definition von Stollberg[2] eine Verkürzung dar. Er unterscheidet nur zwischen intragruppaler Dynamik

(= Dynamik innerhalb einer Gruppe), intergruppaler Dynamik (= Dynamik zwischen Gruppen) und Gruppendynamik als Wissenschaft von gruppalen Interaktionsprozessen. Der Unterschied zwischen gesteuerten und nichtgesteuerten Gruppenabläufen bleibt außer Betracht. So kann er zu den Behauptungen kommen, in jeder Gruppe würde Gruppendynamik geschehen und schon Spener und Zinzendorf hätten Gruppendynamik angewandt.[3]

Als Ausweg aus dieser Begriffsverwirrung schlägt Hofmann[4] vor, bewußt angewandte Gruppendynamik mit ihrer „Methodik geplanter, gesteuerter und intensiver Gruppenprozesse" und dem Ziel der „Veränderung von Einstellungen, Verhaltensweisen und Wertsystemen" als „Psychonautik" (Seelensteuerung, Seelenmanipulation) zu bezeichnen. Dieser Ausdruck hat sich jedoch (ebenso wie Becks Bezeichnung „Psychotechnik"[5]) nicht durchgesetzt.

Als andere Möglichkeit bietet sich an, den Begriff „Gruppendynamik" für die oben unter b), c) und d) genannten Bereiche beizubehalten und von diesen die nicht bewußt gesteuerten, frei ablaufenden Gruppenprozesse (Punkt a) als „Gruppendýnamis" abzugrenzen[6]. Wir gelangen somit zu folgender Unterscheidung: *Gruppendynamik ist eine Methode zur bewußten Steuerung und Veränderung des Denkens und Handelns von Menschen auf dem unterschwelligen Gefühlsweg, und zwar in und mittels einer Gruppe.* Gruppendynamik findet also *nicht* statt, wenn sich eine Gruppe frei und ungezwungen über ein Thema unterhält. Frei ablaufende und nicht bewußt gesteuerte Gruppenprozesse sind als „Gruppendynamis" zu bezeichnen (in Entsprechung zu „Thermodynamis" = freie Entfaltung von Wärmeenergie). Sobald jedoch der Leiter oder einer der Teilnehmer beginnt, gezielt Gefühle bei den anderen freizusetzen mit dem Zweck der Steuerung und Manipulation, wird das Gebiet der Gruppendynamik betreten (in Entsprechung zu „Thermodynamik" = methodische Erfassung und Beeinflussung von Wärmeenergie-Abläufen). An der bewußten, gezielten Steuerung auf der Gefühlsebene also entscheidet es sich, ob Gruppendynamik vorliegt oder nicht. Der eine sitzt gewissermaßen am Schalthebel und lenkt über die Gefühle die Meinungen und Verhaltensweisen der anderen.

Trotz der großen Vielfalt gruppendynamischer Methoden (vgl. unten 1.2) gibt es gleichartige Grundmuster. Ein typischer gruppendynamischer Ablauf sei nachfolgend beschrieben:

Gruppen treffen sich in der Regel für ein Intensivwochenende (ca. 18 Stunden) oder eine Woche (ca. 40 Stunden) oder mehrere Wochen. Manchmal finden Gruppensitzungen auch ein- bis zweimal wöchentlich statt, jeweils z. B. eineinhalb Stunden lang, für den Zeitraum eines Jahres oder länger. Die Zahl schwankt in der Regel zwischen 8 und 15 Teilnehmern. Jeder Teilnehmer muß bestimmte Regeln beachten, z. B.: Wir leben im Hier und Jetzt; wir reden darüber, wie wir uns hier und jetzt fühlen, weniger über Vergangenes und Zukünftiges. Keiner soll sich hinter einem „man" oder „wir" verstecken; jeder soll in der „Ich-Form" reden. Jeder soll absolut offen und ehrlich sein. – Meist trifft sich die Gruppe gezielt in Absonderung von der Außenwelt, d. h. der Tagungsort liegt so, daß die Gruppe unter sich sein kann.

Die erste Phase ist das sog. *„unfreezing"*, d. h. das „Auftauen" starrer („eingefrorener") Erlebnis- und

Verhaltensweisen. Sie kann z. B. dadurch eingeleitet werden, daß der „Trainer" oder „Therapeut", der die Gruppe eingeladen hat, einfach schweigend und passiv dasitzt. Die Teilnehmer sind zunächst verwirrt und ängstlich. Dann äußern einzelne Unmutsgefühle: „Wozu sind wir überhaupt gekommen?" – „Das ist doch Zeitverschwendung!" – „Warum gibt der uns keine Antwort?" Die Angriffe können sich bis zum verbalen „Killen des Trainers" steigern, der jedoch seltsamerweise gar nicht darauf reagiert. Plötzlich aber entwickeln einige Teilnehmer Mitleid mit dem Trainer und richten ihre Aggressionen gegen die Gruppenmitglieder, die den Trainer am heftigsten angegriffen haben. Viele geben ihre persönlichsten Meinungen preis. Damit ist das Gespräch auf die Gefühlsebene gelenkt. Das Gefühl (Emotion) wird zum „Material", mit dem die Methode arbeiten kann.

Die zweite Phase setzt ein: *„change"*[7] („Veränderung"). Die Teilnehmer enthüllen nun ihre innersten Gefühle und Probleme. Der Trainer sowie Co-Trainer, „Reflektoren" oder „Veränderungsagenten" (Lewin), die manchmal unter die Teilnehmer gemischt sind, steuern das Gespräch in der gewünschten Richtung. Sie wissen dabei, wie sie die einzelnen Persönlichkeitstypen unter den Teilnehmern zu behandeln haben.[8] Sie wissen auch, wie die Beziehungen (Sympathien, Antipathien) zwischen den Teilnehmern strukturiert sind. Treten z. B. Hemmungen auf, sich seelisch zu entblößen, dann beginnt der Co-Trainer als erster, seine Gefühle zu äußern. Die Mehrzahl der Teilnehmer schließt sich meist an („Gruppenbeichte"). Wer sich nicht anschließt, wird zum Außenseiter abgestempelt. Der Gruppendruck wird für diesen schließlich unerträglich, so daß er darunter zusammenbricht und sich auch entblößt – oder die Gruppe verläßt. Ein solches Zerbrechen ist der Punkt, an dem die meisten offenkundigen psychischen Schädigungen bei Teilnehmern entstehen.

Haben alle Teilnehmer „gebeichtet", dann kann die dritte Phase eingeleitet werden, das *„refreezing"*[7] („Wiedereinfrieren"). Ein wunderbares Gefühl der Harmonie tritt ein, ein „Wir-" oder „Kollektivgefühl". Nie haben sich die Teilnehmer vollständiger offenbart, nie sind sie vollständiger akzeptiert worden als in dieser Gruppe. Hier wird keine Schwäche und keine Sünde verurteilt, denn die neue Gruppenmoral lautet: „Alles ist erlaubt." Es kann so weit kommen, daß die Teilnehmer einander die Schuld „vergeben" („Gruppenabsolution").

Gelegentlich wird die eintretende psychische Veränderung als „Wiedergeburt" empfunden. Alle Werte, Regeln und Gebote (auch z. B. biblische Gebote!), alle weltanschaulichen, ethischen und religiösen Standpunkte sind nun nebensächlich; das Entscheidende ist das Vertrauen und die Wärme, die der erfährt, der sich dem Konsens der Gruppe anschließt.

Es ist verständlich, daß solche Gefühlserlebnisse (auch „fromme" Gefühlserlebnisse in Richtung „Vergebung" und „Heilsfreude", s. 4.5) viele Menschen faszinieren können. Aber gerade deshalb ist um so kritischer nach den Hintergründen und Folgen zu fragen. Sehr oft folgt auf die Faszination die Frustration (etwa nach Wiedereintritt in die gewohnte Umwelt).

Es wird deutlich, daß hier die Gruppe überpersönlichen Charakter bekommt und geradezu selbst zu einer „Person" wird, die „Gehorsam fordert", aber auch „Wärme schenkt". Sie bekommt Heilscharakter. Wo so von „meiner Gruppe" oder „der Gruppe" die Rede ist, kann man sicher sein, daß es sich um Gruppendynamik handelt.

Es gibt gruppendynamische Methoden und Verfahrensschritte mit Worten (verbal) und ohne Worte (nonverbal). Einige Beispiele für *nonverbale Methoden:*

a) *Blindekuh-Spiel:* Um Berührungsängste abzubauen, müssen die Teilnehmer mit geschlossenen Augen im Raum umhergehen. Finden sich zwei Personen, tasten sie sich gegenseitig ab.
b) *Hahnenkampf:* Teilnehmer, die Agressionen gegeneinander haben, müssen auf einem Bein hüpfen, aufeinanderprallen und schauen, wer der Stärkere ist.
c) *Schlagen:* Bis zur Erschöpfung auf Gegenstände einschlagen, um Aggressionen abzureagieren.
d) *Entspannungsübungen* mit z. T. buddhistischem, hinduistischem und okkultem Hintergrund (Zen-Meditation, Selbsthypnose usw.)
e) *Streicheln u. ä.:* Außenseiter erfahren eine „neue Geburt", indem sie von den anderen Gruppenteilnehmern gestreichelt, zart berührt, gewiegt oder beim Sichfallenlassen aufgefangen werden.

Oft werden gruppendynamische Veranstaltungen, mit harmlos scheinenden Spielchen begonnen, die jedoch für den einzelnen dramatische Folgen haben können. Hofmann berichtet von einem solchen Fall:
> „Eine Pfarrwitwe, mittleren Alters, die sich zum Gemeindedienst zurüstete, erlebte das sogenannte ‚Streichhölzchenspiel' auf einer ‚Seelsorgetagung'. Der Leiter der Gruppe, ein Freund ihres verstorbe-

nen Mannes, hatte ihre Wertschätzung. Als er das Hölzchen mit einem knackenden Laut in zwei Hälften brach und sagte: ‚Jeder zerbricht sein Hölzchen und gibt es dem in der Gruppe, der ihm am unsympathischsten ist', rief sie spontan: ‚Nein, das dürfen Sie nicht tun!' Daraufhin wandte er sich ihr zu und gab ihr wortlos das zerbrochene Streichholz. Sie erzählte uns: ‚Nun war in mir ein Signal überfahren. Von nun an war ich ein fast willenloses Werkzeug in den Händen des Leiters. Bei allen kommenden Übungen wollte ich seine Anerkennung und Zuneigung zurückgewinnen. Ich konnte nicht mehr beten, und es kam bei mir zu psychosomatischen Störungen.'"
(H. K. Hofmann, Psychonautik STOP, 53.)

1.2 Methoden und Formen

Die gebräuchlichsten Methoden gesteuerter Gruppendynamik sind folgende[9] (oft werden sie unter anderen Namen oder ohne jede Bezeichnung eingebracht): Sensitivity-Training, Themenzentrierte Interaktion (TZI), Gestalttherapie, Synanongruppen, Psycho- und Soziodrama, Encounter, Open Staff, Laboratorium, Bioenergetik, Transaktionsanalyse (TA), Balint-Gruppe, Marathon und Miniaturgesellschaft. Dabei besteht zwischen „harten" und „weichen" Methoden kein Wesensunterschied, sondern nur ein gradueller Unterschied; denn alle sind von den Grundlagen her gleich strukturiert und haben letztlich das gleiche Ziel: Veränderung von Menschen durch Menschen.[10]

Einige der genannten Methoden wollen wir kurz beschreiben.

a) Sensitivity-Training:

Die Teilnehmer sollen lernen, psychische Hemmungen beim Ausdrücken von Gefühlen zu verlieren. Sie sollen zu besserer Selbst- und Fremdwahrnehmung (Sensitivität) gelangen, d. h. lernen, ihre Gefühlsäußerungen und die ihrer Mitmenschen besser zu beobachten und zu steuern.

Hemmungen werden z. B. dadurch abgebaut, daß der Trainer die Teilnehmer zur offenen Konfrontation ermuntert. Keiner soll seine Gefühle zurückhalten. Jeder soll sagen, was ihn hier und jetzt bewegt, was ihn an den anderen ärgert, was ihm „stinkt" usw. Auf Normen und Autoritäten wird keine Rücksicht genommen – und noch weniger auf die anderen Gruppenmitglieder. Häufig werden auch Berührungsspiele wie z. B. Streicheln („See me, feel me, touch me") oder zwanzigminütiger (!) Augenkontakt u. a. angewandt. Durch Feedback (Rückmeldung, Reaktionen) wird festgestellt, wie weit sich die Teilnehmer bereits dem „Sollwert", dem Veränderungsziel, angenähert haben.

b) Themenzentrierte Interaktion (TZI):

Die TZI ist ein Versuch, die Ebene des Denkens, die in den meisten gruppendynamischen Methoden verdrängt wird, wieder in den Gruppenprozeß einzubeziehen. Ich (Einzelperson), Wir (Gruppe) und Es

(Thema) – je eingebettet in geschichtliche und gesellschaftliche Gegebenheiten – sollen gleichermaßen zur Sprache kommen. Die sachliche Diskussion kann jedoch jederzeit durch Gefühlsäußerungen unterbrochen werden. Auch bei der Sachdiskussion selbst sind persönliche, subjektive Aussagen gewünscht, ja gefordert („Wie empfinden Sie das?" – „Welche Erfahrungen haben Sie damit gemacht?" usw.). So verläuft oder endet das Gespräch trotz Einbezug von Sachthemen sehr oft auf der Gefühlsebene (was nicht unerwünscht ist, da so eher Veränderungen beim einzelnen möglich sind). Das Thema bleibt letztlich Katalysator (Auslöser) eines Selbst- und Gruppenerfahrungsprozesses. Dies zeigt sich auch an der oft sehr persönlichen und subjektiven Zielrichtung der Themenstellung, z. B.: Beruf, Geld, Sexualität, Partnerschaft, Frömmigkeit, Schuld, Zweifel usw. – Für ein Fallbeispiel vgl. unten 2.4.2.

Nach R. Cohn gelten für die TZI folgende Gesprächsregeln:[11]

1. Versuche, in dieser Sitzung das zu geben und zu empfangen, was du selber geben und empfangen möchtest.
2. Sei dein eigener Chairman (= Vorsitzender, Leiter) und bestimme, wann du reden oder schweigen willst und was du sagst. D. h.: Steh zu deinen Gedanken und Gefühlen.
3. Es darf nie mehr als einer auf einmal reden.
4. Unterbrich das Gespräch, wenn du nicht wirklich teilnehmen kannst. – Störungen haben Vorrang.
5. Sprich nicht per „man" oder „wir", sondern per „ich".

6. Es ist beinahe immer besser, eine persönliche Aussage zu machen, als eine Frage an andere zu stellen.
7. Beachte Signale deiner Körpersprache und beachte Signale dieser Art bei den anderen Teilnehmern. D. h.: Achte auf unwillkürliche Gesten, Bewegungen u. a.

c) Gestalttherapie:

Sie will den Menschen in seiner Ganzheit als Leib-Seele-Geist-Organismus erfassen. Sie bezieht deshalb Körperlichkeit, Emotionalität und geistige Strebungen in den Therapieprozeß ein. Durch evolutionäre Entfaltung der in ihm ruhenden Potentiale soll der Mensch zu seiner Ganzheit, zur Übereinstimmung von Denken und Fühlen, gelangen (Stichwort: „authentisch mit sich selbst werden"). Auftretende Gefühle und Bedürfnisse sollen unmittelbar ausgelebt werden – ohne Hemmungen und ohne Furcht vor Geboten, Strafen und Normen anderer.

So gehören vor allem nonverbale Übungen (Berühren, Liebkosen, Schlagen usw.) zum Programm (siehe Fallbeispiel in 2.4.1). In Konfrontationsspielen wie „heißer Stuhl" oder „die Runde machen" werden einzelne Teilnehmer aufgefordert, den anderen offen ihre Gefühle und Meinungen zu sagen.

Ein Teilnehmer bemerkt z. B.: „Ich kann in diesem Raum niemand leiden." Daraufhin fordert ihn der Trainer auf: „Gut, mach die Runde! Sag jedem von uns, daß du ihn nicht leiden kannst! Füge bei jedem eine persönliche Bemerkung hinzu, warum du ihn nicht leiden kannst!"

Die Gestalttherapie beruht auf folgenden Regeln (zitiert nach Besier, 66):
1. Kümmere dich wesentlich mehr um die Gegenwart als um deine Vergangenheit oder Zukunft.
2. Setze dich mehr mit dem auseinander, was da ist, als mit dem, was abwesend ist.
3. Erlebe die Dinge und stelle sie dir nicht nur vor.
4. Fühle statt zu denken.
5. Bring deine Gefühle zum Ausdruck, statt sie zu rechtfertigen oder zu erklären oder die anderer Personen zu bewerten.
6. Öffne dein Bewußtsein ebenso dem Schmerz wie der Freude.
7. Gebrauche das Wort „sollte" nicht.
8. Übernimm die Verantwortung für deine Handlungen, Gefühle und Gedanken.
9. Schick dich drein, die Person zu sein, die du bist.

d) Psychodrama:

In der „Anwärmphase" fordert der Leiter einzelne Teilnehmer auf, ihre Probleme zu nennen. Daraufhin sollen sie in Rollenspielen Szenen aus ihrem Leben darstellen, und zwar problematische Situationen aus der Vergangenheit oder gefürchtete Ereignisse aus Gegenwart und Zukunft. Gefühle sollen frei ausgelebt werden. Andere Gruppenmitglieder übernehmen die Rolle des Gatten, des Vaters usw. Plötzlich geschieht ein Rollentausch, und die Mitspieler stehen sich gleichsam selber gegenüber. – Eine andere Methode ist z. B. der „Doppelgänger" („Hilfs-Ich"), mit dem der Teilnehmer ein inneres Zwiegespräch führt, um seine Probleme zu lösen.

Solche Rollenspiele lassen sich nicht mit einer Theaterrolle vergleichen. Der Schauspieler am Theater übernimmt eine Rolle auf Zeit und spricht verfremdet wie durch eine Maske. Er spielt festgelegte und einstudierte Charaktere. Er bleibt er selber. Der Akteur im psychodramatischen Rollenspiel hingegen wird vom Trainer dahin gebracht, sich seiner alten Identität zu entfremden und sich selber als Person zu hinterfragen (Identitätskrise!). Er soll „verbluten nach außen" (Moreno, s. u. 2.1).

Beim *Soziodrama* werden die Techniken des Psychodramas kollektiv eingesetzt, d. h. der Rollentausch wird von ganzen Gruppen vollzogen. Das Soziodrama kann z. B. als Mittel zur Veränderung von Gesellschaftsstrukturen angewandt werden: Sozialer Wandel wird im Spiel erprobt, vorbereitet und dann in Alltagswirklichkeit umgesetzt (wobei letzteres allerdings kaum je gelungen ist; Transferproblematik!)

e) Encounter:

„Encounter" heißt wörtlich übersetzt „Begegnung". Menschen, die sich meist vorher nicht kannten, treffen sich in Gruppen. Sie wollen rollenkonforme Verhaltenszwänge und eingeschliffene Verteidigungshaltungen abbauen, sie wollen Glücks- und Gemeinschaftserlebnisse sammeln. Encounter ist an sich keine Methode, sondern eine Trainingsform, bei der die verschiedensten (gruppendynamischen) Methoden und Techniken zur Anwendung gelangen: verbale und nonverbale Methoden, Sensitivity-Training, fernöstliche Meditation, Entspannungstechniken usw. Oft werden auf diesem

Weg religiöse Erfahrungen gesucht (und angeboten!). Selbsterfahrungs-, Kontakt- und Erlebnisgruppen gehören hierzu. Eine typische Encounter-Situation ist oben in 1.1 beschrieben.

f) Marathon:

Dies ist eine Sonderform handlungszentrierter Selbsterfahrungsgruppen. Die Teilnehmer sind 10 bis 70 Stunden ununterbrochen in der Gruppe, wobei kaum oder keine Zeit zum Schlafen vorgesehen ist. Durch die anhaltende Schlaflosigkeit und Erschöpfung, durch dauernde Einbindung in verschiedene Methoden sowie durch die oft obligatorische Nacktheit zerbrechen bald die letzten Hemmschwellen und Abwehrkräfte. So kommt es in extrem kurzer Zeit zu intensiven Persönlichkeitsveränderungen.

g) Bioenergetik:

Elemente dieser Methode sind in die Gestalttherapie eingeflossen. Im Gegensatz aber zu dieser setzt Bioenergetik immer am Körper an. Sie geht davon aus, daß der Körper eine Bioenergie besitzt, die sich sowohl in den Gefühlen als auch in den Muskeln äußert. Emotionale Hemmungen und Spannungen bilden sich in Muskelverkrampfungen ab. Sie werden durch Psychotanz, Bewegungstherapie, Atemgymnastik, Körperspiele, Yoga, Zen-Buddhismus u. a., auch Nacktheit und Sexualität, gelöst. Die Körperenergien sollen frei fließen. Alle Gefühle sollen frei ausgelebt, die Seele soll „aufgeknackt" werden. Die

„Knacktechnik" geht auf den Freud-Marxisten W. Reich zurück, der mit seinen Theorien über die sexuelle Revolution und die Funktion des Orgasmus eine Kultfigur der Neuen Linken war und z. T. bis heute geblieben ist („Marxistisch-Reichistische Initiative" MRI). Auch der Bhagwankult und andere Jugendsekten haben diese Technik zur Gefügigmachung ihrer Anhänger übernommen. Ein Fallbeispiel hierzu:

„Hans-Heinrich wird von Anna als Zweikampfpartner erwählt. Den Kampf hat der Therapeut verordnet, weil er erkannte, daß Anna, obwohl sie manchmal sich unsicher gäbe, in Wahrheit – so wörtlich – eine Tigerin sei. Anna kämpft mit großem Vergnügen – zum ersten Mal physisch, wie sie später erzählt. Hans-Heinrich dagegen leidet sichtlich als Kämpfer, hält sich zurück. Er muß dreimal, aufs ernsteste ermahnt, von vorn anfangen, schafft es dann zwar, die Anna unsanft, da ungeübt, umzulegen, aber soweit, daß sie aufgibt und unter seinem Körper widerstandslos sich hingibt, bringt er es nicht. Diese Szene ist lang und quälend. Anfeuerungsrufe aus der Gruppe: ‚Jawohl, das braucht sie, das will sie!' Der Co-Therapeut, auf Anweisung des Meisters, macht dann vor, wie das geht – mit dosierter Gewalt, Liebe und schönster Männlichkeit. Im wirklichen Leben würde jetzt, da er tief atmend zwischen ihren Beinen liegt, der Geschlechtsverkehr beginnen, eins der kompliziertesten Beweisprobleme für Vergewaltigungsrichter. ‚Aber wir üben ja bloß Bewußtwerdung.' Die Szene vibriert von Ideologie. Nach soviel Teilnahme und soviel Drama sind die Seelen nun aufgerauht, saugfähig, offen, empfänglich für die schlichte energetische Philosophie, die von den Lippen des

Therapeuten tropft: Das ist nämlich unser aller Problem, daß wir unsere Energie zurückhalten. Man muß immer, wenn man wirklich Kontakt will, mit der vollen Energie rein, und man muß, wenn man Beziehung will, auch mal weh tun, aber aus Liebe."
(Aus: C. Wolf, Die Enteignung des Verstandes, Südfunk 2, 20. 2. 1983.)

h) Miniaturgesellschaft:

Dies ist eine Form des Zusammenlebens in der Gruppe, bei der sämtliche gruppendynamischen Methoden zur Anwendung kommen. Unter Abkapselung von der Umwelt wird eine alternative, gruppendynamische „Lebensform" eingeübt, wird eine Gegengesellschaft entworfen.

In dieser höchsten Intensivierungsstufe der Gruppendynamik können Sensitivity-Training, Bioenergetik und Marathon ebenso enthalten sein wie Putschismus, Sozialismus, Psychoterror, Nacktheit, Alkoholismus und Rauschgift. Solche alternativen Miniaturgesellschaften scheiterten bisher immer an der Eintrittsschwelle zur bestehenden Gesellschaft.

Als Folgen kommen in Frage: Zerbruch der Teilnehmer oder erneute Anpassung an die bestehende Gesellschaft oder totale Einkapselung in der Gruppe, die dann vollends sektiererische Züge annimmt.

1.3 Was ist eine Ideologie?

Die Definition von „Ideologie" erfolgt je nach dem Standpunkt des Definierenden unterschiedlich. Hier interessiert der christlich begründete Standpunkt.

Beyerhaus erklärt die heute vorherrschenden Ideologien als „moderne Weltanschauungen, die die gesamte Wirklichkeit aus einem einzigen, innerweltlichen Prinzip heraus deuten und sie mit entsprechenden Methoden auf ihre utopischen Zielvorstellungen hin umzuwandeln suchen".[12] Sie wollen das Unverfügbare (vgl. 2 Kor 5,7) verfügbar machen. Sie entstehen durch (oft dämonische) Inspiration, und ihre Urheber betreten nicht selten das Gebiet des Okkultismus.[13]

Nach Tillich ist Ideologie selber „ein unbedingt gesetztes Bedingtes, eine Einzelwirklichkeit, die mit göttlichen Prädikaten ausgestattet wird."[14] Dieser „Anspruch einer endlichen Größe, von sich aus letztgültig zu sein, ist dämonisch."[15] Wo im Prozeß der Säkularisation die traditionelle Religion ihre Kraft verliert, tritt die Ideologie als Quasireligion an ihre Stelle mit Inhalten wie „wissenschaftliche Ehrlichkeit, der Wunsch nach Befreiung von autoritären Fesseln, das leidenschaftliche Verlangen nach Gerechtigkeit und einer realen Humanität und die Hoffnung auf die allmähliche Entwicklung einer besseren Gesellschaftsordnung".[16]

Nach Findeisen sucht sich der Mensch von dem, was ihm fehlt (nämlich seiner ursprünglichen Verbindung mit Gott), selbst ein Bild (griech. *eidos,* latein. *idea*) herzustellen. „Damit gerät er unter die Herrschaft seiner eigenen Bilder und Systeme"[17] und bleibt mit sich allein.

Hilfreich für die Definition ist hier die Unterscheidung von Evangelium, Religion und Ideologie. Im *Evangelium* offenbart sich Gott als handelndes Subjekt dem Menschen und erlöst den, der an ihn glaubt. In den *Religionen* erwählt sich der Mensch (als Subjekt) ein Objekt seiner Verehrung, eine Gottheit, und versucht, durch eigene Bemühungen und Werkgerechtigkeit Erlösung zu erlangen.[18] In den *Ideologien* leugnet der Mensch jede Transzendenz, erkennt vordergründig nur die unmittelbar erfahrbare Wirklichkeit an und vergottet sich selber; dabei aber baut er sich eine Quasitranszendenz auf aus Idealen[19] wie Freiheit, Gleichheit, Brüderlichkeit, Nation, Humanität, Wohlstand, Einheit, Autonomie, Übermensch, neue Götter, Paradies auf Erden usw.: Die Ideologie wird zur Quasireligion, zum Religionsersatz.

Künneth[20] nennt vier Eigenschaften als Grundelemente einer Ideologie:

a) *Immanenz-Fundierung und -Orientierung:* Es gilt nur das Diesseits, diese uns bekannte raumzeitliche Welt; sie gilt es zu beeinflussen und zu ändern.

b) *Anthropologischer Denkansatz,* d. h. der Glaube an den Menschen und seine (unbegrenzten) Möglichkeiten. Der Mensch wird dabei biologisch-materialistisch (Mensch als Tier bzw. Maschine), liberal-idealistisch (der Mensch ist frei und von Natur aus gut) oder kollektivistisch (der Mensch ist ein Gesellschaftswesen) gesehen.

c) *Soteriologisch-futurische Tendenz:* Es wird eine Heilsbotschaft angeboten; das Heil ist dabei durch den Menschen (sofern er den Programmen der Ideologie folgt) machbar.

d) *Gesetzlicher Aktivismus:* Das angestrebte Heil kann und muß mit allen zur Verfügung stehenden

Mitteln, wenn nötig gewaltsam, herbeigeführt werden. Der Anhänger der Ideologie hat dabei sein „Soll" an Aktionen zu erfüllen.

Eine Ideologie ist damit alles andere als tolerant. In ihrem Auftreten auf der konkreten politisch-gesellschaftlichen Szene und in der Auseinandersetzung mit anderen Geistesströmungen und Meinungen zeichnet sie sich denn auch durch folgende vier Merkmale aus:[21]

a) *Absolutheitsanspruch:* Die Ideologie ist allein wahr, sie hat immer recht. Jede Konkurrenz muß daher unterdrückt werden. Eine Duldung anderer Ideologien oder Religionen kann nur aus diplomatischen bzw. taktischen Gründen und nur für einen begrenzten Zeitraum erfolgen.

b) *Universalistische Intention:* Die Ideologie will alle Lebensbereiche der Gesellschaft und des einzelnen beherrschen; das Ergebnis sind totalitäre Staaten.

c) Ideologien sind *Religionsersatz.*

d) *Psychologische Symptome:* Der Anhänger der Ideologie hat dieser unbedingt ergeben zu sein und Andersdenkende zu hassen und zu bekämpfen.

Ideologische Kennzeichen weisen u. a. folgende Bewegungen auf (nähere Begründungen z. T. innerhalb der folgenden Darstellungen): sämtliche „-ismen", also Nationalsozialismus, (Neo-)Marxismus, Kapitalismus, Rassismus, Evolutionismus usw.; manche Formen des Humanismus, Ökumenismus, Liberalismus, theologischen Modernismus; One-World-Ideologie; gewisse psychologische, soziologische, ethnologische, human-wissenschaftliche u. a. Schulen und, wie zu zeigen sein wird, die Gruppendynamik.

2. Das Gottes-, Welt- und Menschenbild der Gruppendynamiker – ideologische Hintergründe

Um eine Bewegung und Zeiterscheinung recht beurteilen zu können, muß man auf ihre Anfänge zurückblicken. Nur wer Früchte (Ergebnisse) *und* Wurzeln (Grundlagen) untersucht, erkennt das Ganze richtig. So finden sich, obwohl die Gruppendynamik aus vielen Wurzeln entstanden ist[22], gewisse Hauptbegründer und -protagonisten der Gruppendynamik. Diese sollen nachfolgend auf ihre weltanschaulichen Hintergründe hin befragt und beurteilt werden.

2.1 Jacob L. Moreno

Moreno ist der „Vater" des Psychodramas und der Soziometrie.

Das Psychodrama haben wir bereits oben in 1.2 dargestellt.

> Soziometrie wird definiert als „die Wissenschaft der Messung zwischenmenschlicher Beziehungen" (Moreno, 19). Methodisch werden zunächst Beobachtungen über die Beziehungen in Gruppen gemacht und gesammelt: „Mit wem möchtest du gerne zusammensitzen, mit wem nicht?"; „Wen kannst du leiden und wen nicht?". Sympathien und Antipa-

thien innerhalb der Gruppe werden im Soziogramm festgehalten, eine „Beliebtheitsskala" wird erstellt. Kritik: „[...] veröffentlichte Soziogramme schreiben die Gruppenstrukturen eher fest, als daß sie sie verflüssigen, erzeugen häufiger Ängste und Abwehrtendenzen als daß sie die Bereitschaft erhöhen, Gruppenstrukturen in ihren Zusammenhängen überschaubar und kommunikabel zu machen."
(J. Fritz, „Soziometrie", in: Meyer, 79.)

Bei Moreno finden sich sämtliche Kennzeichen einer Ideologie:
a) *Inspiration und soteriologische Tendenz:* „[...] ich war von Kräften getrieben, die über mein persönliches Wohlergehen hinauszielten. Ich habe immer die Idee gehabt, daß diese schicksalsvolle Welt [...] eine *Welttherapie* braucht [...] und daß ich *mit meiner eigenen Person* etwas dazu tun muß, um diese Therapie zu schaffen und zu verbreiten".[23] Nach Kommunismus und Demokratie inthronisiert er als „drittes und höheres Prinzip" die „therapeutische Weltanschauung" mit dem Ziel, „eine neue Weltordnung auf der Grundlage einer einheitlichen soziometrischen Struktur der Gesellschaft zu schaffen".[24]
b) *Religionsersatz und Universalismus:* Neben Medizin und Soziologie nennt Moreno[25] als dritte Wurzel der Gruppenpsychotherapie die Religion. Religion ist nach ihm „das Prinzip des ‚Alles-Einschließens' und Zusammenbindens, des Strebens nach einem kosmischen Universalismus". Der „werdende Kosmos" sei der „höchste Wert", und die „therapeutische Gruppe" sei „der erste Schritt in den Kosmos", indem sie (etwa im Psy-

chodrama) Erfahrungen, „Überschußrealitäten", der über- und vorsprachlichen Welt mit der sprachlichen Welt zusammenbringe. Wie hier bedient sich Moreno sehr häufig mythischer und mystischer Gedankenbilder.

c) *Evolutionistisches und liberalistisches Menschenbild und Vergottung des Menschen als Kollektiv:* Moreno führt aus:[26] „Die Proklamation ‚Gott ist tot' [Nietzsche; d. Verf.] mag bedeutungslos sein. Wichtig hingegen ist die Möglichkeit, IHN zu schaffen. Die zukünftige Evolution gibt Anlaß zu weitreichenden Spekulationen." Analog zu Jesus Christus (nach Moreno nur „ein einfacher Mensch") gebe es „Millionen von Menschen, die Gott in ihrer eigenen Person verkörpern können". „Jeder darf seine Version Gottes durch seine Handlungen zum Ausdruck bringen [...]." Moreno, der gegenüber dem Er- und Du-Gott der Bibel den „Ich-Gott" verkündet und im psychodramatischen Stegreiftheater selbst meist als „Gott" oder „König" auftrat[27], proklamiert Gott als das menschliche *„Ich, das zum Wir wird"* [Hervorhebung im Original]. So gelangt er zu der überraschenden Behauptung: „Gott ist nicht tot. Er lebt im Psychodrama!"

d) *Okkultismus:* Anklänge an okkulte Einflüsse finden sich (s. o.) in Morenos Selbstaussage über seine Inspiration, in seiner Leugnung des lebendigen Gottes und der Gottessohnschaft Jesu (vgl. 1 Joh 2,22), in seinen mythisch-kosmischen Vorstellungen (Verehrung der Mächte; vgl. Röm 1,25; Kol 2,20) und besonders eindrücklich in Aussagen wie: „Im Rahmen des Psychodramas können kosmische Phänomene in den therapeutischen Prozeß einbezogen werden. Die Ungeborenen und Toten werden [...] ins Leben gerufen."[28]

„Die Spieler des therapeutischen Dramas sind die Bewohner des Privathauses. Es kann die Angst im Haus so groß sein, daß den zweien oder vielen kein Schweigen hilft, aber es gibt auch kein Gespräch, weil der Störungen zu viele sind. Es ist der Zustand zweier Seelen, denen keine Verwandlung des Geistes, des Gemütes, des Leibes helfen kann, nur noch Liebe. Alles erscheint vergeblich, alles ist ewige Wiederkehr und Vermehrung des gleichen Übels, und Selbstzerstörung wäre nur Vernichtung des Bewußtseins, nicht des Konfliktes. Der Knoten wird zerschnitten, nicht gelöst. Das Haus, in dem diese Leute wohnen, bedeutet Schutz vor Einblick, und der Konflikt wird zum Vorwand, sich noch tiefer zu verbergen. Aus diesem Labyrinth der Verwicklungen mit Vater und Mutter, Frau und Kind, Hausfreund und Hausfeind, scheint es keine Möglichkeit des Entkommens zu geben. Wie soll die Lüge, der Kummer, das Geschwätz, der Schmerz, die Torheit, der Wahn, die Wahrheit, die Erkenntnis, die Kenntnis, die Entrücktheit, das Heil, der Halt, die Furcht, das Grauen, die zahllosen Verschmelzungen dieser Zustände miteinander, wie sollen diese gerettet werden? Durch das letzte Theater.

Die Personen spielen sich, wie einst aus Not, in selbstbewußter Täuschung dasselbe Leben vor. Der Ort des Konflikts und seines Theaters ist gleich, das Haus, in dem sie leben. Sein und Schein werden gleichnamig und gleichzeitig. Sie wollen das Sein nicht mehr überwinden, sie bringen es hervor. Sie wiederholen es. Sie sind souverän: nicht nur als Scheinende, sondern auch über ihr eigenes Sein.

Wie können sie es sonst noch einmal gebären? Denn soviel tun sie. Das ganze Leben wird entfaltet, seine gegenseitigen Verwicklungen, im zeitlichen Zusammenhang, kein Augenblick ist ausgelöscht, jede Langeweile, jede Frage, jeder Angstanfall, jeder Frost tritt wieder auf. Es sind nicht nur Gespräche, die sie vorführen, auch ihre Körper haben sich verjüngt, ihre Nerven, ihre Herzfasern, sie spielen sich selbst von Anfang her wie aus einem göttlichen Gedächtnis noch einmal, Doppelgängerglück, alle ihre Kräfte, Taten, Gedanken treten in der ursprünglichen Zusammensetzung auf, genauer Abdruck der Stadien, die sie einmal durchmessen haben. Die ganze Vergangenheit, ausgefahren in einem Augenblick. Nicht um selbst zu genesen, die Liebe zu den eigenen Dämonen entfesselt das Theater. Um diese aus ihrer Sperre herauszutreiben, reißen sie ihre innersten Wunden auf und verbluten nach außen.
Zuschauer ist die gesamte Gemeinde. Alle sind geladen und versammeln sich vor dem Hause."
(J. L. Moreno, Gruppenpsychotherapie und Psychodrama, 88 f.)

Hier sei die grundsätzliche Frage eingeschoben, ob (vor allem auch von Christen) Methoden einfach übernommen werden können, ohne die Absichten ihres Urhebers zu beachten oder bekanntzugeben, wie dies heute vielfach geschieht. Kann ein schlechter Baum gute Früchte bringen (Mt 7,17)?

Weiner[29] erinnert daran, daß „Moreno mehr als eine Persönlichkeitstheorie [...] entwickelte; wir glauben, daß seine Philosophie im Wesentlichen eine soziale Theorie mit politischen Akzenten ist". Moreno sei „ein Revolutionär und Radikaler".

2.2 Kurt Lewin

Lewin ist (zusammen mit M. Wertheimer) der Begründer der psychologischen Feldtheorie. Er ist der Schöpfer des Begriffs und der Grundstrukturen der Gruppendynamik.

> Die Feldtheorie stammt ursprünglich aus dem Bereich der Physik und Mathematik (allgemeine Feldtheorie). Diese enthält einen Formalismus, der jede durch ein aktuelles Feld bzw. seine Feldgrößen beschreibbare physikalische Erscheinung nach einheitlichen Gesichtspunkten und in gleichartiger Weise behandeln will.
> Lewin und Wertheimer haben diese Theorie auf das Gebiet der Psychologie übertragen. Sie nehmen an, daß das Verhalten eines Lebewesens durch die Bedingungen des Feldes oder Lebensraumes, in dem es erfolgt, bestimmt wird. Alles Verhalten (V) gilt als Funktion (f) der Person (P) und ihrer Umwelt (U); als Formel dargestellt; $V = f(P; U)$. Voraussetzung für diese Annahme ist, daß dieses Feld einem eigengesetzlichen Gestaltungsprozeß unterliegt. Dem physikalischen Kraftfeld entsprechen auf subjektiver Seite psychische Erregungen.
> Verändert sich also die Umwelt, dann verändert sich auch die Person und ihr Verhalten. Dies kann man durch gezielte Veränderung der Umwelt steuern. Dabei muß, um fremde Einflüsse möglichst gering zu halten, die Umwelt überschaubar gemacht werden. Und hier tritt die Gruppendynamik ein: Die überschaubare Gruppe wird zur künstlichen Umwelt, in der gesteuerte Veränderung möglich ist. Äußere Dinge (Familie, Gesellschaft, Tradition usw.)

werden ausgegrenzt durch Desensibilisierung der Teilnehmer. Es kommt zu einer einseitigen Sensibilisierung für Dinge innerhalb der Gruppe (vgl. Regeln wie „Wir leben im Hier und Jetzt"; „Sage ‚ich' statt ‚wir' und ‚man'" usw.) Die Gruppe, die sich selbst als Teil absolut setzt und Werte gibt, gewinnt dabei – theologisch gesprochen – Heilscharakter.
Es sei erwähnt, daß nicht allein aus biblischer Sicht, sondern auch aufgrund empirischer Untersuchungen große Bedenken gegen diese Theorie bestehen (Brunswick; Estes; London u. a.).

Lewin kommt von einem wissenschaftlicheren Hintergrund her als Moreno. Aber gerade in seiner strengen Wissenschaftlichkeit verfällt er den ideologischen Gefahren des wissenschaftlichen Immanentismus und des Totalitarismus methodischer Machbarkeit:
a) *Immanentismus und biologisch-materialistisches Menschenbild:* Mit seiner Behauptung, alles Verhalten sei eine Funktion der Person und ihrer Umwelt, gerät Lewin in die Nähe des Behaviorismus, der nur das empirisch nachweisbare Verhalten gelten läßt. Vgl. Aussagen wie: „Wirklichkeit ist [...] nichts Absolutes. Sie ändert sich mit der Gruppe, zu der das Individuum gehört."[30] „Ich bin der Überzeugung, daß es möglich sei, in der Soziologie Experimente vorzunehmen, die mit gleichem Recht als wissenschaftliche Experimente zu bezeichnen sind wie die in der Physik und der Chemie."[31] Von diesem Ansatz ausgehend, entwickelt er Methoden und Programme, um das Verhalten von Menschen, Gruppen und ganzen Völkern geradezu labormäßig zu verändern. Er prägt die gruppendynamischen Stufen „unfreezing", „chan-

ge" und „refreezing". Auch die Veränderung von Großgruppen und Völkern stützt sich für ihn auf die Veränderung von überschaubaren Kleingruppen, und zwar mit Hilfe einer „Führerhierarchie [...], die in alle wesentlichen Unterabteilungen der Gruppe hineinreicht".[32]

b) *Absolutheitsanspruch, Totalitarismus und gesetzlicher Aktivismus:* In der historischen Auseinandersetzung mit dem deutschen Nationalsozialismus setzt sich Lewin für die „Umerziehung" der Deutschen zur Demokratie ein: „Eins der maßgebenden Mittel [...] bei einer Umerziehung [...] ist die Bildung einer sogenannten ‚Wir-Gruppe' [...]. Der Betreffende willigt in das neue System der Werte und Ansichten ein, indem er in die Zugehörigkeit zu einer Gruppe einwilligt."[33] „Gerade als Mitglied einer Gruppe ist der einzelne am ehesten nachgiebig."[34] Wichtig ist also die Einprägung neuer Werte und Ansichten durch die Gruppenzugehörigkeit. In der Übergangsphase muß ein Führer (sprich: Trainer) in der Lage sein, „Einflüsse, die er nicht wünscht, auszuschalten".[35] Alte Werte und Ansichten, also „gewisse alteingesessene Kräfte", sind „auszumerzen".[36]

> „Der Vorgang der Umerziehung erfaßt das Individuum in dreifacher Weise. Er verändert seine *Denk-Struktur,* die Art und Weise, in der es die physischen und sozialen Welten sieht, einschließlich all seiner Tatsachen, Vorstellungen, Ansichten und Erwartungen. Er modifiziert seine *Valenzen und Werte,* und diese umfassen sowohl seine Vorliebe für Gruppen und Gruppenmaßstäbe wie seine Abneigungen gegen sie, seine Gefühle im Hinblick auf Rangunter-

schiede und seine Reaktionen auf Anlässe zu Zustimmung oder Ablehnung. Und er beeinflußt die *motorische Aktion,* die den Grad der Kontrolle des Individuums über seine physischen und sozialen Bewegungen betrifft."
(K. Lewin, Die Lösung sozialer Konflikte, 96 f.; Hervorhebungen im Original.)

Hier ist unmittelbar kritisch zurückzufragen: Eine „Umerziehung" zur Demokratie mag zwar angesichts der deutschen Katastrophe angebracht gewesen sein, aber wer bestimmt im einzelnen die Erziehungsziele? Sind generell Methoden, die die Ausmerzung des Althergebrachten im Gefolge haben, vertretbar? Wird hier nicht einzelnen ein Machtinstrument zur Manipulation von Gruppen oder Massen in die Hand gegeben, das sich auf jede Situation und jedes Ziel hin anwenden läßt? Und: Haben Menschen das Recht und die Möglichkeit, zu entscheiden, was für andere gut sein soll, ohne daß sie sich aus einer lebendigen Beziehung zu Christus heraus in ihrer Entscheidung auf Gottes Willen und Gebote stützen? Absolute Macht von Menschen über Menschen ist unmenschlich und macht unmenschlich (siehe hier *gerade* Hitler, Stalin, Mao und andere Diktatoren).

2.3 Carl Rogers

Rogers ist der Nestor der Encounter-Bewegung (zu Encounter s.o. 1.2) und der Begründer der auch weithin in die Seelsorge eingedrungenen nicht-direktiven, klientenzentrierten Gesprächstherapie.

Die Rogers'sche Gesprächstherapie
„zielt direkt auf die größere Unabhängigkeit und Integration des Individuums [...]. Das Individuum steht im Mittelpunkt der Betrachtung und nicht das Problem. Das Ziel ist es nicht, ein bestimmtes Problem zu lösen, sondern dem Individuum zu helfen, sich zu entwickeln, so daß es mit dem gegenwärtigen Problem und mit späteren Problemen auf besser integrierte Weise fertig wird."
(Rogers, Die nicht-direktive Beratung, 36.)

Selbst- und Fremdwahrnehmung sollen erhöht werden. Die Therapie stützt sich auf den „individuellen Drang zum Wachsen", betont die emotionalen Elemente und legt Nachdruck auf die Hier- und Jetzt-Situation.

Rogers unterscheidet vier Hauptphasen des Beratungsvorgangs (im folgenden wiedergegeben nach Stollberg, Seelsorge praktisch, 11):

1. Aufbau einer partnerschaftlichen Vertrauensbeziehung zwischen Seelsorger und Klient;
2. im Rahmen bedingungslos annehmender, toleranter Beziehung wird Katharsis (Reinigung, Läuterung bis hin zur „Sündenvergebung durch Akzeptieren") möglich;
3. Keimen der „Einsicht"; dadurch allmählicher Bewußtseinswandel (Aufbau positiver Gefühle);
4. abschließende Phase zunehmender Autonomie und Mündigkeit des Klienten.

Gesprächsregeln nach Rogers:
1. Geduldig und freundlich, aber bezüglich eventueller Inkonsequenz kritisch zuhören!
2. Keine autoritative Haltung einnehmen!

3. Keine ethischen Ratschläge oder moralischen Ermahnungen erteilen!
4. Nicht in intellektuelle Auseinandersetzungen mit dem Klienten eintreten!
5. Selber reden oder fragen nur,
   a) um dem Klienten beim Artikulieren und Formulieren seiner Schwierigkeiten zu helfen,
   b) um Ängste, die eine vertrauensvolle Aussprache behindern, beiseite zu räumen,
   c) um zu prüfen, ob man als Seelsorger richtig verstanden hat,
   d) um ein vom Klienten schüchtern und beiläufig gestreiftes Thema, das vielleicht stärkere Relevanz besitzt, zu unterstreichen und, falls der Klient will (!), erneut ins Gespräch zu bringen,
   e) um implizite Voraussetzungen des Klienten diesem bewußt zu machen, falls das geraten erscheint.

Bei Rogers zeigt sich besonders deutlich die Verkettung, Integration und rezeptive Weiterentwicklung bereits vorhandener Ideologien:
a) Der *optimistische Humanismus* ist sein Ausgangspunkt. Rogers meint, „daß die menschliche Spezies aus im Grunde [...] vertrauenswürdigen Individuen besteht"[37], d. h. von Natur aus gut und autonom ist (vgl. den Buchtitel „Die Kraft des Guten"). Ferner betrachtet er „die Selbstverwirklichungstendenz als eine grundlegende Antriebskraft des menschlichen Organismus".[38] Rogers gesamte Gesprächstherapie steht und fällt mit diesen, wie er selber[39] sagt, hypothetischen Voraussetzungen.
b) Weiterhin nimmt Rogers in ineinander verwobener Form ideologische und religiöse Elemente des

Evolutionismus, Behaviorismus, Immanentismus, Neomarxismus, utopischen Marxismus und Okkultismus auf.
Er sieht eine „mit einer erstaunlichen Effizienz" funktionierende, evolutionäre Selbstverwirklichungstendenz in der Natur.[40] Beim Menschen jedoch sei eine „Entfremdung", eine „Kluft [...] zwischen bewußten Zielen und organismischen Richtungen" eingetreten, weil „der einzelne von der Gesellschaft durch Belohnung und Verstärkung zu Verhaltensweisen konditioniert wird, die *de facto* eine Perversion der natürlichen Richtung der Selbstverwirklichungstendenz darstellen."[41] Die Lösung sei zu erhoffen im „Heraufkommen des neuen Menschen"[42], auf dem Wege einer sozialen Evolution bzw. „stillen Revolution".[42] „Diese neuen Menschen vertrauen ihrer eigenen Erfahrung und mißtrauen jeder äußeren Autorität. Weder Priester noch Richter noch Gelehrte können diese Menschen von irgend etwas überzeugen, das nicht durch ihre eigene Erfahrung bestätigt wird."[43] Sie legen Wert auf Authentizität und Kommunikation, zerbrechen Schambarrieren, desertieren aus allen Institutionen, auch „aus der Institution der Ehe"[44] und setzen an ihre Stelle die „kleinen, informellen, nichthierarchischen Gruppen".[44] Sie hegen „Mißtrauen gegen eine kognitiv orientierte Wissenschaft"[45] und glauben statt dessen „an das Okkulte, an die Astrologie, an das I-Ging und an die Tarockkarten"[45]; sie haben Interesse an „Meditation [...] übersinnlichen Phänomenen [...] esoterischen und transzendentalen religiösen Einstellungen".[46]
Rogers selber stellt fest: „Die Eigenschaften und

das Verhalten dieser Menschen ist unvereinbar mit der Orthodoxie und den Dogmen der großen westlichen Religionen – dem Katholizismus, dem Protestantismus und dem Judentum."[47]

Es sei betont, daß Elemente dieser ideologischen Zukunftsvorstellungen schon heute in gruppendynamische Encounter-Gruppen eingebracht werden mit der Folge bewußter oder unbewußter Zusteuerung auf diesen Menschentyp. Hörmann[48] nennt Gruppen mit Anleihen aus „Existenzphilosophie, sog. Humanistischer Psychologie, fernöstlicher Kultur, nonverbalen und dramatischen Richtungen, Entspannungstechniken u. a.", daneben ritualisierte Aggressionslaboratorien, Konfrontationsgruppen, Marathon- und Nackt-Encounter.

2.4 Andere

2.4.1 *Fritz Perls,* „Vater" der Gestalttherapie, geht in seinem Menschenbild – ähnlich wie Rogers – von einem existentialistisch-humanistischen Optimismus aus. Sein Ziel ist es, dem als autonom gedachten Menschen wieder zu seiner Ganzheit zu verhelfen (Evolutionismus). An Quellen gebraucht er, wie sein Schüler Petzold, neben Psychoanalyse, Existenzphilosophie, Morenoschem Psychodrama und Phänomenologie auch den körperorientierten Ansatz des Freud-Marxisten W. Reich sowie die Philosophie und Praxis des Zen-Buddhismus.[49] Neben enthemmender Nackttherapie werden quasi-religiöse liturgische Feiern und meditative Erfahrungen eingesetzt: „In der Liturgie geschieht eine Reduzierung der göttlichen Komplexität, so daß sie dem Menschen erfahrbar wird."⁵⁰ Wie bei Moreno wird die Menschwerdung Gottes zu einer Gottwerdung des Menschen pervertiert nach dem Grundsatz: „die Menschen lehren, Gott zu spielen."⁵¹

Ruitenbeek gibt einen Augenzeugenbericht wieder:

> „Wir breiten Leintücher auf das Gras, und wir legen uns auf sie und schließen unsere Augen. Gunthers Stimme führt mich durch meinen Körper: Fühle den Boden, fühle, wie der Kopf den Boden berührt, wie sich die Zehen anfühlen, die Fingernägel. Mach, ohne dich zu bewegen, mit deinem Geist eine Reise durch deinen Körper. Mein rechtes Augenlid brennt in der Sonne, das linke ist kühl. Mein Kopf liegt schwer und hart da, mein Körper ist steif. Aber ich bin mir des gleichen Grases neben dem Leintuch gewahr. Jetzt steht auf und tippt mit den Fingern, wobei die Handgelenke locker sind, über den ganzen Kopf. Ein angenehmes Weiß verbreitet sich unter den geschlossenen Augenlidern. Öffnet jetzt die Augen. Klatscht mit den Händen auf die Stirn, auf den Kiefer, die Lippen, die Wangen, tippt mit den Fingerspitzen sanft auf die geschlossenen Lider. Fühlt, wie sich das Gesicht lockert und wie eine prickelnde Empfindung sich über den ganzen Kopf ausbreitet. Nehmt euch jetzt einen Partner, schaut ihn an. Ich sehe einen Mann mit einem Augenlidtick, einem steifen Mund und voller Verlegenheit. Er erweckt meine Sympathie, ich tippe seinen Kopf, und dann schaue ich ihm ins Gesicht. Jetzt zwinkert er schon weniger. Gut. Wir lächeln kurz und gehen dann weiter zu neuen Partnern. Gunther [...] zielt darauf, die Menschen ihren Sinnen wieder nahe zu bringen

[...]. Er wendet auch Techniken an, die von seinem Studium der Gestalttherapie, des Zen, des Yoga und der Massage herkommen."
(H. M. Ruitenbeek, Die neuen Gruppentherapien, 94 f.)

2.4.2 *Ruth Cohn* ist Schülerin von Perls und Begründerin der Themenzentrierten Interaktion (TZI), die wir schon oben in 1.2 behandelt haben. In ihrem Doppelaxiom von Autonomie und Interdependenz des Menschen geht sie von einer ganzheitlich-humanistischen Anthropologie aus. (Wie sie selber sagt, enthalten Axiome „Glaubenselemente".[52]) Ihr Weltbild ist immanentistisch: „Menschliche Erfahrung, Verhalten und Kommunikation unterliegen interaktionellen und universellen Gesetzen" – wobei sie „Universum" letztlich mit der „Allverbundenheit" der Menschen untereinander gleichsetzt.[52] Evolutionistische Vorstellungen klingen im Axiom von der Ehrfurcht gegenüber „allem Lebendigen und seinem Wachstum"[52] durch, ebenso pantheistische Auffassungen aus ihrer Jugendzeit (vgl. die von ihr häufig zitierten Namen Goethe, Spinoza, Siddhartha Gautama, Einstein). Dies wird besonders deutlich, wenn sie sagt, daß das von ihr empfohlene „Meditieren auch Beten zum ‚inneren Jenseits'"genannt werden könne – unter Verwendung eines „Mantra", also eines okkulten hinduistischen Spruches mit magischer Bedeutung.[53]

> Positiv sei hier angemerkt: Cohns Forderung nach Balance zwischen Individuum, Gruppe und Thema („Ich, Wir und Es") in der Gruppenarbeit stellt, zumindest theoretisch gesehen, eine Entschärfung einseitig emotionsbestimmter Gruppendynamik

dar. Mayer-Scheu meint deshalb sogar, TZI wolle „durchaus etwas anderes als Gruppendynamik [...]. Ihre grundlegenden Bausteine [...] sind [...] *pädagogisch-therapeutisch im Sinn einer ganzheitlichen Anthropologie unter Einschluß des gruppendynamischen Prozesses, der jedoch bewußt strukturiert wird*".[54] In der Praxis zeigt sich aber häufig, daß sich diese Balance nicht durchhalten läßt: Wer sich nur auf kognitiver Ebene bewegen will, setzt sich fast automatisch dem emotionalen Gruppendruck aus; dabei bleibt dann meistens die emotionale Ebene Sieger (vor allem aufgrund der TZI-Regel „Störungen haben Vorrang").[55]

Erlebnisbericht des Verfassers zur TZI:
Zusammen mit zehn weiteren Theologiestudenten (8 männlich, 2 weiblich) war ich der Einladung eines führenden Kirchenmannes zu einem „zwanglosen, offenen Gespräch" gefolgt. „Jeder kann Themenvorschläge einbringen", hieß es im Einladungsschreiben. Als der Abend anfing, stellte es sich heraus, daß ein Pfarrer dabei war, der das Ganze nach der TZI strukturierte. Offen wurden die Gesprächsregeln bekanntgegeben, zu deren Einhaltung nun jeder verpflichtet war:
1. Sei dein eigener Anwalt! 2. Sprich nur in der Ich-Form! 3. Sei völlig offen und ehrlich! 4. Störungen haben Vorrang. 5. Sage, was du hier und jetzt fühlst und denkst! (Anmerkung: Damit, daß diese Regeln so offen bekanntgegeben wurden, hatten wir in diesem Gespräch noch Glück. Oft geht man heute – und das ist gefährlicher – gruppendynamisch vor, ohne dies vorher bekanntzugeben.)
Schon die Vorstellung diente dem „Auftauen": Je-

der sollte sich mit seinem Nachbarn unterhalten und diesen dann vorstellen. Solche Zweiergespräche sind meist persönlicher als Gespräche in der großen Gruppe, und so erzählte auch ich meinem Nebenmann einiges über meinen Glauben und meine theologischen Grundüberzeugungen. Ich erwähnte nur am Rande, daß ich einer Gemeinschaft angehöre, die um die Ehe als die einzig gottgewollte dauerhafte Lebensform zwischen Mann und Frau weiß und daher den vorehelichen Geschlechtsverkehr ablehnt. Mein Nachbar, dem diese Einstellung gar nicht gefiel, schlachtete nun, als er mich vorstellte, dieses Thema ganz breit aus. Die Folge war, daß die anderen, die ähnlich wie mein Nebenmann dachten, sich sofort auf mich einschossen. Ich wurde zum Außenseiter gestempelt, der zur Gruppenmeinung zu „bekehren" war. Nun durfte ich nicht sachlich argumentieren, sondern es wurde immer nur gefragt: „Wie empfindest du das?" Sobald ich mich auf Gottes Gebote berief und die Bibel zitierte, reagierten die Teilnehmer besonders heftig und warfen mir vor: „Du weichst aus" – „Du bist nicht ehrlich" – „Es geht nur darum, wie du das fühlst, nicht darum, was irgendwo geschrieben steht!" Die total emotionalisierte Atmosphäre führte zu einer Vernebelung klaren Denkens und zu einem Abbau von Normen und Hemmungen. So erreichte das Gespräch seinen „Höhepunkt", als die Tochter des führenden Kirchenmanns, ebenfalls Theologiestudentin, ausrief: „Es ist doch egal, mit wieviel Männern ich schlafe! Hauptsache, den Hungernden in der dritten Welt wird geholfen!" Mein Einwurf, daß rechtes Verhalten im Kleinen beim einzelnen beginne und daß Sozialethik ohne Individualethik zur Farce werde, ging in der emotional aufgeheizten Atmosphäre unter. Eine weitere Steigerung bestand in der Hinterfragung von Glaubensstandpunkten. Ich wurde dazu gedrängt zu sagen, was ich glaube. (Die angebotene Möglichkeit, „Sie brauchen auch nichts zu sagen", war nicht mehr gangbar und wäre als Rückzug gewertet worden.) So benutzte ich die Gelegenheit, um voller Freude und Liebe von meiner Bekehrung zu Jesus Christus zu erzählen. Ich war überrascht, daß mich nach diesem nun doch sehr persönlichen Bericht viele Gesichter noch verständnisloser anblickten als vorher. Der führende Kirchenmann meinte mit ironischem Unterton: „Das ist ja sehr schön für Sie. Ich versuche ja auch zu glauben." Als sich daraufhin eine Diskussion über den Glauben mit Seitenhieben auf mich entspann und ich nicht nachgab, brach der Pfarrer, der die TZI eingebracht hatte, das Gespräch ab und sagte wörtlich über mich: „So, das ist genug. Nun laßt den armen [!] Mann zufrieden!" – Gleichzeitig mit mir verließ eine Studentin den Abend mit sichtlicher Enttäuschung und Frustration.

2.4.3 *Joachim Scharfenberg*, führender Pastoralpsychologe und Vertreter und Befürworter der Gruppendynamik, gibt offen zu: „Gruppendynamik hat eine religiöse Dimension."[56] „Wer sich der religiösen Wurzeln seiner scheinbar neutralen Methodik nicht mehr bewußt ist, wird damit zu einem impliziten und unbewußten ‚Religionsdiener'"[57] Die vom Leiterverhalten geprägten Anfangsszenen von Selbsterfahrungsgruppen betitelt er „Jüngstes Gericht", „Gottesdienst ohne Fortsetzung", „Jüngerberufung" und „Zeugnisgemeinschaft" (oder „Zungenreden").[58]

Das Leiterverhalten lasse sich nicht treffender umschreiben „als mit den vier klassischen Ämtern Christi in der altprotestantischen Dogmatik, dem Richter, Priester, Lehrer und Propheten".[59] Nach dieser zutreffenden Aufdeckung des quasireligiösen Charakters der Gruppendynamik geht Scharfenberg allerdings völlig fehl, wenn er diese Leiterfunktion „ein Instrument der Wirkungsmacht Gottes"[60] nennt.

In diesem Zusammenhang liegt es nahe, auf eine andere quasireligiöse Entsprechung hinzuweisen. Der gruppendynamische Prozeß spiegelt geradezu die Entwicklungsstufen des christlichen Heilsweges (ordo salutis) wieder:

1. rebellio (= Murren gegen die Gruppe)
2. contritio (= „Auftauen"/„unfreezing")
3. confessio (= Bekennen der „Sünde" vor der Gruppe; Beginn der Veränderung/„change")
4. remissio peccatorum (= Vergebung durch die Gruppe)
5. iustificatio (= Annahme durch die Gruppe; Abschluß der Veränderung/„change")
6. recreatio (= Empfangen der neuen Identität von der Gruppe: „Wiedereinfrieren"/„refreezing")
7. sanctificatio (= Leben als Konvertit/Süchtiger/„Missionar" der Gruppendynamik)

2.4.4 *Dietrich Stollberg*, wie Scharfenberg führender Pastoralpsychologe und Gruppendynamiker, bezieht Elemente der emanzipatorisch-politischen Gruppendynamik (s.u. 2.5) in seine Seelsorgetheorie ein.

Sein Ausgangspunkt ist ein positivistischer und existentialistischer (Bultmann!) Immanentismus: „Denn wie wir Gott nur als Menschen ‚haben' – ohne daß er selbst im Menschsein aufginge –, so ist uns Theologie nur als Anthropologie möglich bzw. als Erfassen der theologischen Dimension allgemein wahrnehmbarer, ‚immanenter', ‚säkularer' Phänomene."[61] Daraus ergibt sich, daß er – in striktem Gegensatz etwa zur Barthschen Dialektischen Theologie – alle transzendente, offenbarte, absolute Wahrheit ablehnen muß. Dogmen der Kirche und „Institutionen" wie die Ehe relativiert er.[62] Christliche Seelsorge sei nichts weiter als „Psychotherapie im Kontext der Kirche".[63]

In dieses Vakuum des von aller Transzendenz gelösten Relativismus führt er die gruppendynamisch veränderte „Konsenstheorie der Wahrheit" des Neomarxisten Habermas (s.u. 2.5.1) ein: „Als Credo stellt Theologie den *Konsensus* der Glaubenden dar."[64] Zur Erreichung dieses Konsensus dient die Gruppendynamik nach dem Muster der TZI mit ihren Elementen „Kommunikation, Information und Akzeptation".[65] In seiner quasireligiösen Begeisterung geht Stollberg so weit, der Gruppendynamik einen dogmatischen Ort in den drei christlichen Glaubensartikeln zuzuordnen. Dabei leugnet er implizit die eindeutige Transzendenzbezogenheit dieser Artikel, indem er Gruppendynamik als immanentes „allgemeinmenschliches" und „empirisches" Phänomen mit ihnen in Verbindung bringt.[66]

> Stollberg selbst schildert an einem Fallbeispiel, wie auf emotionalem Wege Glaubensüberzeugungen relativiert und verändert werden können (das folgende Beispiel soll nichts über die inhaltliche Richtigkeit oder Irrigkeit der Meinungen von Herrn S. aussagen, sondern nur über den formalen methodischen

Vorgang der Auflösung von Überzeugungen – deshalb ist es hier zitiert).

„Ein hochqualifizierter Forscher (Herr S.), der an einer Selbsterfahrungsgruppe für Theologen teilnahm, behauptete, er kenne das Gefühl der Angst nicht – und schließlich sei für einen Christen die Angst in der Welt ja auch überwunden. Alle Proteste, Fragen und Angriffe der anderen Teilnehmer konnten ihn nicht von dieser „Glaubensüberzeugung" (wie er es nannte) abbringen. Er müsse wohl eine so glückliche Jugend gehabt haben, daß er sich eigentlich nie ängstige, meinte er selbst, betonte jedoch erneut, daß es letztlich um eine theologische Frage gehe. Es folgte eine ziemlich abstrakte Diskussion, bis nach etwa vierzig Minuten ein Teilnehmer protestierte, da er ‚auf diesem akademischen Niveau nicht folgen' könne. Herr S., der keinerlei Erregung oder Engagement gezeigt hatte, erklärte zwar, es handle sich um ‚äußerst zentrale theologische und damit existentielle Probleme', wurde jedoch nicht länger gehört. In einer der nächsten Sitzungen kam die Gruppe auf das Eltern-Kind-Verhältnis zu sprechen. Herrn S., der eine Sitzung nach der ‚theologischen' Debatte unentschuldigt gefehlt hatte, wurde bedeutet, als er nicht dagewesen sei, habe man freier reden können; er zeigte zunächst keinerlei Reaktion, kam jedoch nach einer weiteren Sitzung darauf zurück und bekannte, dieser Vorwurf der Gruppe habe ihn sehr umgetrieben. Man nahm ihn wieder in das Gespräch herein und fragte nach seinem Verhältnis zu seinen Eltern. Er sagte, dieses sei irrelevant. Die anderen bezweifelten das energisch, berichteten von der Wichtigkeit ihrer eigenen Beziehungen zu ihren Eltern und fragten S.

immer wieder. Dieser sprach von einer Verletzung der ‚Intim- und Privatsphäre', von der ‚Grenze der Pietät' u.ä. Die durch den Begriff der ‚Pietät' veranlaßte Frage, ob seine Eltern denn gestorben seien, verneinte er: ‚Die leben beide ganz gut in B. Aber lassen wir das! Ich habe keinerlei Beziehungen zu ihnen, weder negative noch positive.' Der übrigen Gruppe blieb das unverständlich, da ‚Pietät' doch eine deutliche Beziehung markiere. Offensichtlich hege er heftige Aggressionen gegen seine Eltern; sonst müßte er nicht befürchten, die Pietät zu verletzen. Er sei wohl froh darüber, daß er ‚sie stillschweigend schon ins Jenseits verfrachtet habe', meinte ein Teilnehmer. S. konnte das alles nicht zugeben, sondern betonte eine Zeitlang stereotyp die restlose Irrelevanz seiner Eltern für seine Existenz. Schließlich meinte er doch, er müsse seinen Eltern Vorwürfe machen, wolle es aber dem endzeitlichen Gericht überlassen, zwischen ihm und seinen Eltern Klarheit zu schaffen. Auf die theologische Problematik dieser Aussage angesprochen, reagierte S. zum ersten Mal in dieser Gruppe äußerst heftig: Er vertrete keine ‚Sonderlehren', wie man ihm vorwerfe, sondern stehe im Konsens mit der ganzen Kirche; die Eschatologie sei das Kernstück seiner Theologie, und die lasse er sich nicht rauben; 1.Korinther 15 sei für ihn Maßstab aller Christlichkeit. Die Vermutung eines Gruppenmitglieds, seine Theologie gewährleiste ihm die Irrelevanz seiner Eltern in diesem Leben und damit das seelische Gleichgewicht, indem sie ihm eine Auseinandersetzung erspare, wies S. (noch) empört zurück. (Erst später, als sein Vertrauen zu und in der Gruppe wuchs, erkannte er die Funktion seiner Theologie und geriet eine Zeitlang in eine ziemliche

Krise, die sich als atheologische Phase manifestierte, bevor ein Neuaufbau seiner Theologie erfolgte)." (D. Stollberg, Seelsorge durch die Gruppe, 190).

2.5 Emanzipatorische Gruppendynamik

Die Neue Linke will unter Aufnahme des Neomarxismus einen „dritten Weg" zwischen dem dogmatischen Marxismus-Leninismus der Kommunisten und dem sozialen Liberalismus der Sozialdemokraten gehen. Ihr Ziel ist die „Emanzipation" des Menschen, d.h. seine Befreiung von jeglicher Fremdbestimmung. Der Weg dahin beginnt bei der „Bewußtmachung der Knechtschaft" und führt (umgekehrt wie bei Marx) über die Veränderung des einzelnen zur Veränderung der Gesellschaft.

Nach der Erfahrung, daß das Proletariat als revolutionäres Subjekt ungeeignet ist, und dem Scheitern der Studentenrevolte nach außen hin begann die Neue Linke den „langen Marsch durch die Institutionen" (R. Dutschke) und entdeckte das Kind als in kleinen Schritten formbares revolutionäres Subjekt. So haben gruppendynamische Methoden besonders auch an Schulen Eingang gefunden („Reformpädagogik" statt direkter Revolution; Belege bei Lück).

Allerdings ist die Stellung der Neuen Linken zur Gruppendynamik geteilt. Viele sehen in der Gruppendynamik Tendenzen zum Reaktionären, zum überstarken Subjektivismus, zur Privatisierung von Leiden, zum Antimaterialismus und zur Schwächung der Individuen.[67] Für sie ergeben sich daraus Gefahren für die Revolution. Andere wollen mit Hilfe der

Gruppendynamik ein Kollektivdenken schaffen, wollen Kampfgruppen für die politische Aktion heranbilden. Im folgenden seien grundlegende Modelle der zweiten Position dargestellt.

2.5.1 *Jürgen Habermas*[68] sieht folgenden Weg zur neuen Gesellschaft: Nach Durchlaufen der Phasen „vormythische Welt", „Hochkulturen" und „Hochreligionen" befindet sich die Menschheit jetzt in ihrer vierten Phase, der „Evolution": Ihr Ziel ist der neue Mensch als Gattungswesen.

Statt Integration, Identifikation und Konformität des Individuums mit der gegenwärtigen Gesellschaft herrschen Repression, Diskrepanz und Rollendistanz vor. Diese Spannungen muß das Individuum aushalten in einem Akt balancierender Ich-Identität, einem ständigen Balanceakt zwischen Erfüllung und Verweigerung gegenüber den gesellschaftlichen Erwartungen bei gleichzeitiger Stärkung des eigenen Ichs. Im „herrschaftsfreien Diskurs" werden alle überkommenen Werte und Autoritäten der Kritik preisgegeben. Gleichzeitig wird nach dem Maßstab der optimalen Bedürfnisbefriedigung eine neue Universalmoral angestrebt. Im Konsens wird schließlich die kollektive Identität erreicht.

Voraussetzungen hierfür sind: die Bereitschaft zum Rollentausch (nach dem amerikanischen Behaviorismus), die Bereitschaft zur Kommunikation und Identifikation mit Gruppe und erstrebter Gesellschaft, die Einfügung in gruppendynamische Prozesse.[69]

Was ist ein „herrschaftsfreier Diskurs"? Nach Habermas verläuft ein Diskurs (Gespräch, Diskussion) dann herrschaftsfrei und kann zu einem Wahrheitskonsens gelangen,

wenn folgende Regeln einer „idealen Sprechsituation" eingehalten werden:
1. Kein äußerer Zwang darf das Gespräch behindern.
2. Geltung hat das beste Argument.
3. Jeder hat die gleiche Chance zur Beteiligung am Gespräch.
4. Jeder muß zur „ungekränkten Selbstdarstellung" fähig sein und sich den anderen transparent machen.
5. Jeder muß die Grundentscheidungen seines Lebens thematisieren und kritisieren lassen. (Hierzu dient ein ausgeklügeltes System von Rede und Gegenrede, Begründungspflicht für alle Aussagen und Behauptungen usw.).
6. Keiner hat Vorrechte aufgrund von Alter, Erfahrung, Autorität usw.
7. Jeder muß bereit sein, mit jedem die Verhaltenserwartungen zu tauschen. Jeder soll jederzeit mit jedem zum Rollentausch bereit sein.
8. Diskutiert wird so lange, bis ein Konsens erreicht ist. Ist die neue Wahrheit angenommen, bestimmt sie von da an das Leben und Verhalten der Teilnehmer.
(Nach: Habermas, Theorie, 136 ff.)

Die ideologischen Hintergründe dieses Modells (Freud-Marxismus, Evolutionismus, Immanentismus, Kollektivismus, Universalismus und Utopismus) sind fragwürdig und die sprachliche Verpackung in Fremdwörter und scheinwissenschaftlichen Jargon ist geradezu maßlos. Darüber hinaus drängen sich sechs Einwände auf:
a) Es gibt keine Methode, um voraussetzungslos, d. h. ohne vorgegebene Kriterien (außerhalb gegebener Offenbarung) Wahrheit und Normen zu finden. Auch der herrschaftsfreie Diskurs beruht auf vorgeschalteten Diskursregeln.

b) Alle im herrschaftsfreien Diskurs ermittelten Normen sind letztlich relativ, weil immer neu hinterfragbar. Abgesehen von (von wem?) anerkannten Grundnormen des Diskurses, gilt nichts mehr als letzte Wahrheit und Gewißheit.
c) Damit sind alle die in ihrer Freiheit bedroht, die eine andere Bindung ihres Gewissens für höher achten als die Diskursgrundnormen. Die Kategorie des einzelnen als Geschöpf und Ebenbild Gottes geht im Kollektiv verloren.
d) Für Christen steht der Wahrheitsanspruch der Diskursnormen in diametralem Gegensatz zum alleinigen, letztgültigen Wahrheitsanspruch Jesu Christi (Joh 14,6; Apg 4,12; 5,29). Jesus als die lebendige Wahrheit und Zuverlässigkeit kann von Menschen nicht hinterfragt werden, ebensowenig die Gebote Jesu.
e) Freiheit ist nicht in der optimalen Befriedigung der Bedürfnisse aller möglich, sondern nur in der Bindung an die objektive sittliche Idee (vgl. I. Kant).
f) Versöhnung des Menschen mit seiner eigenen verderbten Natur, wie dies durch Stärkung der Ich-Identität geschehen soll, ist theologisch gesehen Sünde, d.h. Vertiefung des Getrenntseins von Gott. Freiheit und Erlösung gibt es nur durch Versöhnung des Menschen mit Gott in Christus (Röm 7; vgl. unter 4.7).

2.5.2 *Jürgen Fritz* möchte das gruppendynamische Training aus seiner methodischen Reduktion auf das „Hier und Jetzt" lösen und in den Kontext historisch-gesellschaftlicher Zusammenhänge stellen. Nur indem Individuum *und* Gesellschaft befreit werden, ist (nach freud-marxistischer Theorie) Emanzipation aus psychischen und ökonomischen Zwängen möglich. „Das Ziel der Emanzipation weist dem gruppendynamischen Training die Aufgabe zu, Individuen zur Selbstreflexion, zur Aktion, zur Antizipation zu befähigen"[70], also „zum Durchschauen von Deformierungen der Wahrnehmungen, des Bewußtseins und der Handlungen", „zur Durchsetzung legitimer, aber unterdrückter Interessen mittels politischen Kampfes" und „zur Herstellung einer (wenngleich notwendig gebrochenen) Vorwegnahme einer vernünftigen Gesellschaft in den Kommunikationsformen der Gruppe".[71]

In Analogie zu den verschwommenen Zukunftsvorstellungen der übrigen Neomarxisten spricht auch Fritz davon, daß „das Ziel, das hinter der Überwindung [Überwindung der Reduktionsstrukturen; d. Verf.] steht, weder den Teilnehmern noch dem Trainer bekannt ist [...]. Man muß erst die ‚Zwangsjacke' dieser Gesellschaft und ihrer Reduktionsstrukturen [...] ausziehen, um dann, nach einer Zeit eisigen Frierens ohne Jacke, sich eine neue, bessere anzulegen – ein Vorgang, der vielleicht ein Jahrhundert und länger dauern mag".[72]

2.5.3 Auch *Max Pagès* stellt fest: „Keine bedeutsame Änderung in den Autoritäts- und Machtverhältnissen kann eintreten, wenn sie sich nicht gleichzeitig auf der ökonomischen und auf der psychischen Ebene abspielt."[73] Nach dem Lewinschen Vorbild der Ausbildung „gesellschaftlicher Änderungsagenten" schlägt er ein gruppendynamisches „Laboratorium mit flexiblen Strukturen" vor. Seine Absicht: „Die Macht- und Autoritätsstrukturen innerhalb des Trainings selbst, zwischen Trainern und Teilnehmern [...] werden als Symbole äußerer Macht- und Autoritätsstrukturen erkannt und dazu benutzt, eine Umstrukturierung von Macht und Autorität sowohl in der Trainingssituation selbst als auch in der Außenwelt in Gang zu bringen."[74] Zur Methode gehört die Verknüpfung von Aktionstechniken der radikalen Linken mit libidinös-sexuellen Techniken der Gruppendynamik, die systematische Frustrierung der Gruppe durch den Trainer, die Hineinführung der Gruppe in Regression, Paranoia und (gesellschaftspolitische Aktionen antizipierenden) Gruppenterror.[75]

2.6 Gruppendynamik und Welteinheitsideologie

Die Gruppendynamik hat heute sehr starken Eingang gerade in den kirchlichen Bereich gefunden.[76] Laut Stollberg „darf sich die [gruppendynamisch geprägte amerikanische; d. Verf.] Seelsorgebewegung heute als der bedeutendste amerikanische Beitrag zur ökumenischen Theologie (!) betrachten. Die Wurzeln liegen im theologischen Liberalismus und pragmatischen Empirismus."[77] An die Stelle einer „‚Theologie der Offenbarung' welcher es nur darauf ankommen kann, vorgefertigte Wahrheitsformeln [...] an den Mann zu bringen", tritt eine „Theologie der Erfahrung".[77] Dadurch wird es möglich, dogmatische Frontstellungen aufzulösen und – ausgedehnt auf Weltmaßstab – einen Synkretismus auf sämtlichen Gebieten, insbesondere zwischen den Weltreligionen, herbeizuführen.

So wird heute im kirchlichen Raum Gruppendynamik in großem Maßstab auf Kirchentagen[78] und bei Konferenzen des Ökumenischen Rates der Kirchen (ÖRK) angewandt. Beyerhaus[79] belegt, daß z. B. die Sitzung der Weltmissionskonferenz in Bangkok 1973 als gruppendynamisches Experiment geplant und durchgeführt wurde. Alle Teilnehmer, Vertreter verschiedenster Religionen, sollten „trotz anfänglichem Widerstreben schließlich zu einer inneren Gemeinschaft im Fühlen, Denken und Wollen geführt werden".[80]

Die Berliner Ökumene-Erklärung 1974 der Konferenz Bekennender Gemeinschaften in der EKD warnt vor der Entstehung einer humanistischen Welteinheitsreligion, in der sich der Mensch an die Stelle Gottes setzt und unabhängig von der biblischen Offenbarung bestimmt, was gut und böse ist.[81] Durch psychotechnische Methoden gelinge es, „Tagungen unbemerkt zu ihrem vorher bestimmten Ziel zu steuern und das Denken argloser Teilnehmer – für diese unbewußt – mit neuen Ideen zu erfüllen."[82] „Ökumenische Tagungen werden neuerdings als Feste mit Tanz, Musik und Spiel [...], mit sinnenfälliger Beeinflussung (multimediale Kommunikation) und mit schwärmerischen Andachtsformen gefeiert [...]. Dadurch können viele Teilnehmer auf dem unmittelbaren Weg über das Gefühl für Ideen begeistert werden, die sie bei nüchterner Prüfung an der Lehre der Heiligen Schrift ablehnen würden. Der Einbruch eines eher heidnischen Gefühlsrausches droht, den Geist Christi zu verdrängen [...]."[82] Die „Frucht" dieses Geistes zeigt sich etwa in der Verleugnung des Missionsauftrags Jesu (Mt 28,18 ff.) und seiner Ersetzung durch einen sog. „partnerschaftlichen Dialog".

Beyerhaus berichtet von der Weltmissionskonferenz in Bangkok:

„Dem Sensitivity-Programm diente in technisch besonders raffinierter Weise der Einsatz eines elektronischen Musikinstrumentes, eines sog. *Synthesizers*. Es gab zu allen möglichen Gelegenheiten – vom Mittagessen über die Mittagsandacht bis zum ‚Abend der Kunst' (und der ‚Happenings') Geräusche von sich. Sie variierten vom Sirenengeheul über ein Gewehrgeknatter bis hin zum komischen Piepen und drangen mit ihren Schwingungen teils schreckenerregend, teils auch entkrampfend und animierend in die seelischen Tiefenschichten ein.

An jenem *Abend der Kunst* – an dem wir entsprechend Konferenzprogramm ‚das Heil feiern' sollten – wurden unter Begleitung dieses Instrumentes ohne jegliche Erklärung in rascher Folge vier völlig zusammenhanglose Dia-Serien gleichzeitig an die Saaldecke projiziert. Wir hatten zu diesem Zweck auf dem Fußboden Platz zu nehmen. Die psychologische Wirkung war, daß unsere geistige Konzentrationsfähigkeit total beseitigt wurde. Einige fühlten sich gelöst und belustigt, andere bekamen Kopfschmerzen und verließen den Saal. Das hängt damit zusammen, daß je nach unserer Veranlagung unser Nervensystem auf die gleiche ausgestrahlte Schwingungsfrequenz verschieden reagiert. – Zu Beginn der Feier hatte eine amerikanische Negersängerin einen jazzartigen Schlager über das Salvation-Thema gesungen. Als Höhepunkt dieses ‚Heilsfestes' bzw. ‚Heils-Happenings' wurde die ganze Konferenzteilnehmerschaft schließlich von einigen Afrikanern dazu angeleitet, miteinander begeistert zu tanzen. Nachdem die gleichen schwarzen Teilnehmer am Nachmittag

noch als radikale Angehörige der Black-Power-Bewegung oder als Anwälte des nachkolonialen Afrikas jene harten Anklagen an uns gerichtet hatten, wurde dies Erlebnis von manchen europäischen Teilnehmern als sehr ‚befreiend und erfrischend' empfunden, also wiederum gleichsam als eine gruppendynamische Form von Absolution. – Die eigentliche Absicht dieser Tanzveranstaltung erfuhr ich allerdings erst am nächsten Vormittag durch das Fernsehinterview mit Walter Hollenweger: Die Tatsache, daß hier orthodoxe Priester, Theologieprofessoren und Missionsdirektoren, wahrscheinlich erstmalig in ihrem Leben, zusammen getanzt haben, habe sie innerlich verändert. Es habe Vorurteile in ihnen abgebaut und einen theologischen Bewußtwerdungsvorgang eingeleitet. Damit werde sich aber auch die Mission ändern. Hier in Bangkok sei erstmalig der neue Stil künftiger ökumenischer Konferenzen praktiziert worden.
So waren die Konferenzteilnehmer selbst zum Schluß tatsächlich zu einer Schar mit sehr ähnlichen Empfindungen zusammengeschweißt worden. Und sie waren auch durch das reich gefüllte Programm sowie durch den Zeitdruck, in dem dann gegen Schluß die Berichte verlesen, kurz besprochen und verabschiedet, d. h. empfehlend an die anschließende Vollversammlung weitergeleitet wurden, nicht mehr in der Stimmung, hier noch wesentliche Einwände vorzubringen, auch wenn die Berichte und Empfehlungen manches enthielten, was viele von ihnen bei nachträglicher ruhiger Prüfung theologisch so eigentlich nicht bejahen konnten.
Professor Hollenweger ist fest davon überzeugt, daß das gruppendynamische Experiment von Bangkok

ein erster Erfolg war. In seinem im Romanstil zwischen Dichtung und Wahrheit schillernden Bericht ‚Professor Unrat geht nach Bangkok' läßt er diesen zu folgendem Schluß kommen:
‚Er konnte mindestens ein Dutzend Leute aufzählen, die sich im Laufe der Konferenz radikal geändert hatten.'"
(P. Beyerhaus, Bangkok '73, 73 ff.; Hervorhebungen im Original.)

2.7 Zusammenfassung

In groben Zügen sei versucht, die ideologischen Hintergründe zusammenzufassen, die sämtliche Hauptvertreter der Gruppendynamik gemeinsam haben.

Angetreten ist die Gruppendynamik als Ersatzreligion. Sie will dem Individuum, das „in einer tiefen Krise"[83] steckt, „Transzendenzerfahrung" anbieten[84], aber eine „Transzendenz", die in Wirklichkeit in der Immanenz zwischenmenschlichen Gruppengeschehens steckenbleibt. Aufgrund der immanentistischen Denkvoraussetzungen (s.u.) ist dies auch nicht anders zu erwarten. Somit wird Gott in ein mitmenschliches Existential übersetzt, Jesus als nachahmbarer perfekter Mensch gesehen und Theologie zur Anthropologie reduziert.[85] Eng damit zusammen hängt die ausgesprochene Dogmatikfeindschaft, die Ablehnung von Autoritäten, die prinzipielle Toleranz und der totale Normenrelativismus bei vielen Gruppendynamikern.

Die Ausklammerung des Transzendenten wirkt sich auf das Menschenbild aus: Der Mensch gilt als

Produkt der Evolution, sprich: höherentwickeltes Tier (Evolutionismus)[86], und als in seinem Verhalten konditionierbares Reiz-Reaktions-Wesen „jenseits von Freiheit und Würde"[87] (Behaviorismus). So gelangen einzelne Menschen zu der Ansicht, sie könnten ohne Skrupel das Verhalten und Wertsystem anderer Menschen beeinflussen: „Veränderung" heißt das Schlüsselwort der Gruppendynamik. Diese wird erstrebt durch weitgehendes Ausblenden der kognitiven Ebene, durch Zerbrechen schützender Scham- und Hemmschwellen, durch Emotionalisierung und regressionsfördernde Mittel wie Schmerz, Angst und Gruppenzwang.

Es ist kein Widerspruch hierzu, wenn viele Gruppendynamiker den Menschen als autonomes Wesen sehen und seine „Selbstverwirklichungstendenz" betonen (z.B. Rogers; s.o. 2.3), denn nach ihrer Meinung ist diese Tendenz in einen evolutionären Rahmen eingebettet und durch die Umwelt geprägt. So erwarten sie in soteriologischer Zukunftshoffnung den „neuen Menschen" aus gruppendynamisch erzeugten Kollektiven emporsteigen. Das Individuum erfährt seine „Erlösung" im Kollektiv oder in der „therapeutischen Weltgemeinschaft" (Moreno), die durch „kosmischen Universalismus" alle Bereiche umfaßt und den „Neubekehrten" zu gesetzlichem Aktivismus anspornt.

3. Empirisch begründete Kritik an der Gruppendynamik

Die Gruppendynamik stellt sich sowohl aus der christlich-theologischen als auch aus der empirisch-fachwissenschaftlichen Perspektive als ein fragwürdiges Unternehmen dar.

Im folgenden wollen wir zunächst die empirisch begründete Kritik vortragen; es kann hier nur um eine geraffte, skizzenhafte Darstellung gehen.[88] In Kapitel 4 werden wir uns dann der spezifisch christlichen Kritik zuwenden.

3.1 Wie jede Methode ist Gruppendynamik nicht weltanschaulich neutral, sondern in Vorverständnisse eingebettet (s. deshalb z. B. auch den verwirrenden Pluralismus psychologischer und gruppendynamischer Systeme). Vorverständnisse aber sind grundsätzlich kritisch zu hinterfragen.

3.2 Eine Reihe von Einseitigkeiten in der Gruppendynamik führte zu Kritik aus ihren eigenen Reihen. So stellt Sieland fest: „Gruppendynamische Konzepte akzentuieren den affektiven Bereich zu stark."[89] Die Reduktion auf die Gefühlsebene ist eine zu einfache bzw. gar keine Antwort auf die komplexen Probleme in der technisch-zivilisierten Welt.[90] Ruitenbeek warnt drastisch vor der Gefahr des „Anti-Intellektualismus": „Wissen und Intellekt außer acht gelassen, und wir enden in einer Gesellschaft von Schwachsinnigen."[91]

3.3 In engem Zusammenhang damit steht der Einwand: „Theorie, Praxis und empirische Forschung gruppendynamischer Konzepte verletzen wissenschaftliche Minimalbedingungen."[92] Insbesondere „fehlt eine theoretische Begründung für den Wert rein subjektiver Veränderungsgefühle".[93] Weiter zu bemängeln sind nach Sieland[94] Argumentationsfiguren wie: Extremisieren; Relevanzüberlegungen, die sich auf theoretische Möglichkeiten stützen und nicht auf realisierbare Praxis; zwangsläufige Qualifizierung von inhaltlich durchaus richtigen Aussagen als didaktische Handlungsanweisungen; Vermischung von Möglichkeiten und Realisation; dysfunktionale Isolierung von Variablen; Psychologismen. Als „vernichtendste Kritik" am gruppendynamischen Sensitivity-Training nennt Odiorne die Tatsache, „daß es in sein System eine automatische Abwehr ordentlicher vernünftiger Kritik eingebaut hat"[95], nämlich in Form seiner Theorie-, Intellekt- und Dogmatikfeindschaft.

3.4 „Die Zielvorstellungen vieler gruppendynamischer Laboratorien sind unzureichend."[96] Oft werden Ziele nur pauschal-programmatisch aufgezählt, oft gar nicht, oft haben sie eine unrealistische Reichweite, oft auch eine ineffektive Enge. Sämtliche Ziele sind empirisch nicht kontrollierbar, sondern nur subjektiv erfahrbar (s.u.). Der Zusammenhang mit den Methoden bleibt im Dunkeln.

3.5 „Trainingsgruppen sind in der Praxis erfolglos, weil sie mehr die Sensitivität als Verhaltensänderungen fördern."[97] Durch die Betonung der affektiven Ebene auf Kosten der kognitiven entsteht eine Abneigung gegen konsequentes Denken und damit ein eingeschränkter Blickwinkel für die Lebenswirklichkeit (vgl. 3.2). Psychologisch gesehen kommt es zu einem Rückfall in ein infantiles Vorstadium der Persönlichkeitsreife (Regression). Die Persönlichkeitsreifung wird bei Kindern verzögert oder blockiert, bei Erwachsenen in der Regel rückgängig gemacht. „Einige werden so sensitiv, daß sie unfähig werden, auch nur eine Entscheidung an ihrer Arbeitsstelle zu treffen"[98] (Transferproblematik).

3.6 Es kommt also durchaus zu Persönlichkeitsveränderungen durch Gruppendynamik, aber nicht in Richtung auf größere Selbständigkeit, sondern in Richtung auf unselbständiges Kollektivdenken hin; denn in der Phase der Regression wird der betreffende Teilnehmer von der Grupppe „aufgefangen" und mit einer neuen (Gruppen-)Identität versehen. So gelangen Lieberman et.al. in ihren Untersuchungen zu dem Ergebnis: „Viele der Änderungsmaße zeigten keine größeren Unterschiede zwischen Teilnehmern und Kontrollpersonen [...]. Im jetzigen Stadium der Analyse scheint sich die Wirkung der Gruppenerfahrung am besten als eine Verschiebung im Werteinstellungssystem der Teilnehmer verstehen zu lassen [...] begleitet von den Bemühungen, das eigene Verhalten in die Richtungen zu lenken, die den Encounter-Werten entsprechen."[99]

3.7 Auffällig ist in diesem Zusammenhang, daß „positive Veränderungen", von denen die Teilnehmer an gruppendynamischen Veranstaltungen berichten, für ihre Umwelt kaum wahrnehmbar sind. Im Gegenteil: Lieberman et.al. wissen zu berichten, daß im

Vergleich zwischen Teilnehmern und (nicht gruppendynamisch beeinflußten) Kontrollpersonen Mitglieder des sozialen Umfeldes der Teilnehmer „80 % der Teilnehmer und 83 % [!] der Kontrollpersonen" dahingehend bewerteten, „daß sie zumindest in einem Punkt sich in eine positivere Richtung geändert hätten. Hinsichtlich negativer Veränderungen wurden 27 % der Versuchspersonen, aber nur 14 % [!] der Kontrollpersonen so beschrieben, daß sie zumindest eine negative Veränderung zeigten."[100] Besier spricht bezüglich „positiver Wirkungen" durch Gruppendynamik von einem „Plazeboeffekt".[101]

3.8 Lieberman et. al. bestätigen Erfahrungen aus vielen gruppendynamischen Sitzungen, wenn sie schreiben: „Das beunruhigendste Ergebnis [...] ist folgendes: vier bis acht Monate nach der Gruppenerfahrung zeigten 16 Personen, d.h. 9,4 % der Teilnehmer [...] Anzeichen einer anhaltenden und nicht geringen negativen Auswirkung [...]. Diese Zahlen sind u.E. eher konservativ [vgl. deshalb unten 3.9; d. Verf.]"[102] An Schädigungen werden genannt: Angst, Gewichtsverlust, psychotische Erlebnisse, Abnahme des Vertrauens in andere, Unsicherheit über die Lösbarkeit von Problemen. – Oft tritt die methodisch beabsichtigte Identitätskrise mit zerstörerischer Heftigkeit ein, und es kommt zum Identitätszerbruch – dann nämlich, wenn der zur sozialen Integration dienende Schutzmechanismus Hemmschwellen abbaut, die ebenfalls zum Schutz dienen, und die Diskrepanz zwischen Individuum und Gruppe zugunsten der Gruppe aufgehoben wird. Bei ich-schwachen Menschen kann dieser Zustand lebensbedrohend sein (Selbstmord).

3.9 Als Endergebnis ihrer Studie halten Lieberman et.al. fest, „daß ein Drittel derjenigen, die an Gruppen teilnahmen, davon profitierten [meist sog. Encounter-Konvertiten – vgl. 3.11; d. Verf.]; etwas über ein Drittel blieb unverändert, und der Rest [ca. 30%!; d. Verf.] erfuhr irgendeine Form negativer Auswirkung."[103] Diese Zahlen stammen aus dem Nachtrag der Studie, der einige Zeit nach der ersten Niederschrift (s. die Zitate in 3.8) verfaßt wurde. Nun ist die Zahl der Teilnehmer mit negativen Auswirkungen plötzlich beträchtlich höher angegeben – und zwar, weil man jetzt ein anderes Klassifizierungsschema, nämlich Testverfahren, angewandt hatte. Denn es hatte sich gezeigt, „daß die Veränderungsschätzungen, welche die Trainer, andere Gruppenmitglieder und die Teilnehmer selbst machten, fast gar nicht mehr korrelierten."[103] Daraus folgt: Angaben von Trainern oder Teilnehmern sind immer subjektiv gefärbt und bieten kein objektives Richtmaß zur Beurteilung der Wirkungen gruppendynamischer Methoden. Tests bieten zwar eine größere, aber auch keine absolute Gewißheit (vgl. 3.3).[104]

3.10 Aus dem Dargelegten ergeben sich Kontraindikationen für Gruppendynamik. Back warnt: „[...] bei gestörten Menschen [...] kann schon eine relativ geringfügige Änderung ausreichen, um anhaltenden Schaden zu stiften."[105] Kinder als grenzensuchende Wesen dürfen keiner Auflösung und Änderung von Identität ausgesetzt werden, ebensowenig Jugendliche. Süchtige, Psychotiker und Ichschwache unterliegen begrenzter Indikationsfähigkeit: Sie dürfen nur in homogenen Gruppen behandelt werden, da sie sonst noch mehr ihre Identität einbüßen. Außerdem ist eine einzelpsychotherapeutische Begleitung (oder Seelsorge) erforderlich (dies vom rein empirischen Standpunkt aus; zur Gesamtbeurteilung s.u. 4.8).

3.11 Problematisch ist auch, daß Gruppendynamik selber zur Sucht werden kann. Die Gruppe, die im Unterbewußtsein als „Mutter" erfahren wird, kann ihre Teilnehmer dermaßen an sich binden, daß es kein Loskommen aus eigener Kraft mehr gibt. Back vergleicht die Wirkung der Gruppendynamik mit der Wirkung von Drogen.[106] Hartmann fordert deshalb: „Die Intensität, in der Emotionen in der Gruppenarbeit beachtet werden, muß den Zielen der Gruppe entsprechen [...]. Wenn sich z.B. eine Lern- oder Projektgruppe der Arbeitsweise eines gruppendynamischen Laboratoriums bedient, so ist das verdächtig."[107] Schön, aber wer kann Emotionen dosieren und im Griff behalten?!

3.12 Die einseitige Betonung des „Hier und Jetzt" in vielen gruppendynamischen Methoden beachtet zuwenig den Gesamtzusammenhang menschlichen Lebens; Geschichtslosigkeit wird gefördert und Kontinuität, die Voraussetzung der Identitäts- und Selbstfindung, unmöglich gemacht. In ähnlicher Weise zwingt das Konfrontationsprinzip dazu, eigene und fremde Gefühle zu erleben, ohne daß ihren Ursachen nachgegangen wird. Außerdem werden dadurch natürliche Schutzmechanismen abgebaut.

3.13 Die scheinbar einfache Anwendung gruppendynamischer Methoden fördert sehr die mißbräuchliche Anwendung durch nicht dazu ausgebildete Personen (bis hin zur „Gruppendynamik mit Tonbandtrainer").

3.14 Viele Psychotherapeuten sprechen der Gruppentherapie die Eignung ab, so gründlich aufzudecken und zu heilen wie die Einzelpsychotherapie; der einzelne geht in der Gruppe unter (vgl. als Folge die Unterschiede zwischen Selbst- und Fremdbeurteilung usw.; s.o. 3.9).

3.15 Schließlich bleiben die Fragen, wer eigentlich gesund und wer krank ist, wer die Ziele angibt und wer sie zu befolgen hat. Es bleibt die Frage, ob eine „Therapie für Gesunde" möglich und legitim ist. Kann nicht gerade einmal der Außenseiter und „Störenfried" der Gruppe derjenige sein, der „gesund" ist und „gesund"denkt? „Gesehen werden muß hier, daß sich auch alle Mitglieder einer Gruppe mehr oder weniger in der gleichen Richtung irren können."[108]

3.16 Auf Grund dieser Kritikpunkte ist vom rein empirischen Standpunkt aus (vgl. aber 4.8) auf jeden Fall mit Günther zu fordern, daß ein therapeutischer Einsatz von Gruppendynamik an folgende Voraussetzungen gebunden bleibt:
a) Der verantwortliche Leiter muß eine berufliche Ausbildung haben, die der eines Psychotherapeuten entspricht;
b) eine vorausgehende Diagnose jedes Teilnehmers muß nachweisen, daß eine gruppendynamische Therapie notwendig ist;
c) die Art der Therapie muß auf die psychische Lage der jeweiligen Teilnehmer abgestimmt sein;
d) die Behandlung muß abzielen auf eine neue Sicherung der (selbst gewollten, eigenen; d. Verf.) Identität und eine neue Fähigkeit zu konstanten personalen Beziehungen.[109]

4. Das biblische Reden über Gott, Mensch und Welt – theologische Auseinandersetzung mit der Gruppendynamik

Oft wird der Theologie das Recht bestritten, zu außertheologischen Themen etwas Relevantes aussagen zu können. Das ist ein kurzsichtiges Urteil. Denn erstens gibt es im Grunde genommen kein „außertheologisches" Thema, also ein Thema außerhalb von Gott, weil alles von Gott geschaffen ist und weil Gottes Geist alles umschließt. Zweitens findet die sog. exakte und empirische Naturwissenschaft und auch die Philosophie aus sich heraus keine Antwort auf letzte Fragen; diese Antwort kann nur Gott selber geben.

Drittens geht es gerade auf dem Gebiet der Gruppendynamik und Humanwissenschaften um den Menschen, und zwar um den Menschen in seinem Innersten und seinem Verhalten; das aber ist heiliges Gebiet vor Gott. Und viertens – dies als allgemeinmethodisches Argument – muß in jedem wissenschaftlichen Gespräch die Möglichkeit eingeräumt werden, auch eine andere Perspektive einzubringen als die eigene und gewohnte.

Anregungen zum gesamten Kapitel wurden bezogen von: Barth; Beck; Findeisen (in: Reller [Hrsg.]); Künneth, Fundamente; Westermann; Zimmerli. Biblischer Ausgangspunkt ist die Urgeschichte (Gen / 1 Mo 1-11).

4.1 Gott ist transzendent und wirklich; er geht in die Immanenz ein, aber nicht in ihr auf

Heidegger hat festgestellt: „Zur Anthropologie geworden, geht die Philosophie selbst [...] zugrunde."[110] Entsprechend läßt sich sagen: Zur Anthropologie geworden, ist die Theologie zugrunde gegangen (Jüngel).

In der Bibel erscheint Gott weder als mitmenschliches Existential noch als philosophisches Abstrakt. Vielmehr ist in Ehrfurcht vom heiligen und zugleich lebendigen Gott die Rede (1 Sam 6,20; Ps 145,17; Jes 6,3 u.a.), „der da wohnt in einem Licht, da niemand zukommen kann" (1 Tim 6,16). Wie können wir dann aber überhaupt etwas von Gott wissen?

Stollberg scheint auf den ersten Blick recht zu haben, wenn er schreibt, daß „wir Gott nur als Menschen ‚haben'".[111] Wie gezeigt, meint er jedoch damit nichts weiter als „das Erfassen der theologischen Dimension allgemein wahrnehmbarer, ‚immanenter', ‚säkularer' Phänomene".[111] Sein Weg der „Gotteserfahrung" bleibt in der zwischenmenschlichen Horizontalen stecken.

Gott hat sich aber „senkrecht von oben" (Barth), eindeutig und „ein für alle Mal" (Hebr 7,27; 9,12) geoffenbart, indem er in seinem Sohn Jesus Christus Mensch wurde, aber nicht im Menschsein aufging: Jesus Christus ist gleichermaßen wahrer Gott und wahrer Mensch (Bekenntnis von Chalcedon 451; vgl. Röm 1,3 f. u. a.).

Dieses Wunder der Inkarnation kann man nicht aus eigenem Bemühen, etwa durch gruppales Miteinander, „erfahren", sondern nur offenbart bekommen von Gott selbst „durch seinen Geist; denn der Geist erforscht alle Dinge, auch die Tiefen der Gottheit [...]. Der natürliche Mensch aber vernimmt nichts vom Geist Gottes; es ist ihm eine Torheit" (1 Kor 2,10.14). Einzigartiges und eindeutiges Dokument der Offenbarung Gottes in seinem Wort ist die Heilige Schrift, die durch das Wirken des Heiligen Geistes entstanden ist (2 Tim 3,16; 2 Petr 1,19 ff.).

4.2 Gott schuf den Menschen als sein persönliches Gegenüber

> „Und Gott sprach: Lasset uns Menschen machen, ein Bild, das uns gleich sei, die da herrschen [...]. Und Gott schuf den Menschen zu seinem Bilde, zum Bilde Gottes schuf er ihn" (Gen 1,26 f.).
> „Was ist der Mensch [...]? Du hast ihn wenig niedriger gemacht als Gott [...]. Du hast ihn zum Herrn gemacht über deiner Hände Werk" (Ps 8,5 ff.).

Der Mensch ist weder Tier noch Maschine noch Kollektiv-Gott, sondern Ebenbild Gottes und Sachwalter Gottes in der Herrschaft über die geschaffene Welt. Aus der Beziehung zu Gott heraus erhält er unveräußerliche Würde. Im Angeredetwerden durch Gott wird er Person, im Antwortenkönnen erweist er sich als Person. (Hier ist zu unterscheiden zwischen dem natürlichen Person-Selbst, das der Mensch von seinen Mitmenschen empfängt, und dem eigentlichen, geistlichen Selbst, das nur Gott ihm zusprechen kann; vgl. 1 Kor 2,10 ff., bes. 12; 2 Kor 5,17 u.a.) Weil sich nun aber der Mensch als Person von außen, von Gott her, empfängt, „hat" er sich (und andere!) nicht, sondern „ek-sistiert", d.h. er lebt als aus sich Heraustretender auf Gott hin und in der Beziehung zu Gott.

Daraus folgt zweierlei:
a) Der Mensch als Person besitzt sich nicht selbst und kann sich nicht in Wahrheit selbst verwirklichen, sondern nur in der Selbsthingabe an Gott wahre (Selbst-)Verwirklichung finden (im Sinne des Zusammentreffens der Lebenswirklichkeit mit der absoluten Wahrheit: Gott). Vgl. Joh 14,6; Mt 10,39.
b) Der Mensch besitzt nicht den anderen, der ebenso Person vor Gott ist; er muß deshalb die Würde des anderen achten.

Gruppendynamik überschreitet beide Grenzen:
a) Sie führt im Streben nach „Selbstverwirklichung" zur Trennung von Gott; dies nennt die Bibel Sünde (vgl. 4.4).
b) Sie mißachtet Wertvorstellungen, Scham- und Intimsphäre des anderen – und verletzt damit seine Würde als Person.

Ein weiterer Gesichtspunkt: Als Person trägt der Mensch Eigenverantwortung. Deshalb kann er z. B. Schuld nicht einfach auf das Kollektiv der Gruppe abwälzen.[112]

An einem Fallbeispiel von Stollberg wird deutlich, wie im gruppendynamischen Verlauf die Personwürde des Menschen mißachtet und der einzelne als Mittel zur Verwirklichung von Gruppeninteressen mißbraucht wird:

„Die Gruppe agiert durch ihre Mitglieder die verdrängten Impulse jener Teilnehmer, die gerade im Zentrum des Gesprächs stehen [...].
Dieser Spiegeleffekt ließ sich bei einem Teilnehmer besonders deutlich beobachten, der in Einzel- und Untergruppengesprächen außerhalb der offiziellen Sitzungen starke sadistische Phantasien sowie einen haßerfüllten Widerwillen gegen Mutter und Kirche (!) entwickelte. Dieser junge Mann galt in der Gruppe zunächst als ‚aufreizend sanftmütig‘, ‚pietistisch‘ und ‚nicht aus der Ruhe zu bringen‘. Durch relativ ‚deftige‘ biographische Erzählungen gelang es ihm, zum zentralen Gesprächsgegenstand zu werden. Die Gruppe allerdings hielt die – durchaus auf Tatsachen beruhende – Blutrünstigkeit und Unmoral seiner Berichte für ein Ablenkungsmanöver in etwa dem Sinne: ‚So, nun habe ich euch doch einen harten Brocken zum Fraße vorgeworfen. Seid also zufrieden und verschont mich künftig vor intensiverem Interesse.‘ Er habe das ganze Manöver nur inszeniert, um von seiner eigentlichen Problematik abzulenken. Ein ‚Heuchler‘ sei er, ein ‚Feigling‘, ein ‚Kriecher und Radfahrer vor der Gruppe‘, ein ‚Sadist‘, ein ‚ganz gemeiner Hund‘ usw. Die Angreifer steigerten sich bis zu einer ausgesprochen grausamen und sadistischen (verbalen) Orgie, in welcher das ‚Opfer‘ regelrecht ‚abgeschlachtet‘ wurde, ohne daß dieses in der Lage gewesen wäre, etwas von seiner eigenen aggressiv-sadistischen Potenz manifest zu aktivieren. Statt dessen ergriff der Betroffene schließlich die Flucht und entwickelte, nachdem ihn Teilnehmer mit Mühe wieder dazu bewegt hatten, zu den Sitzungen zu erscheinen, eine regelrechte Spiegelphobie (!), so daß auch der im Sitzungsraum

vorhandene Toilettenspiegel für einige Zeit entfernt werden mußte. Die übrigen Gruppenmitglieder reagierten mit heftigen Schuldgefühlen."
(D. Stollberg, Seelsorge durch die Gruppe, 89 f.)

4.3 Gott stellte den Menschen in gute Schöpfungsordnungen und gab ihm Gebote, die das Leben und Zusammenleben sichern sollten

> „[...] und schuf sie als Mann und Frau. Und Gott segnete sie und sprach: Seid fruchtbar und mehret euch und füllet die Erde und machet sie euch untertan und herrschet [...]" (Gen 1,27 f.).
> „Und Gott der Herr nahm den Menschen und setzte ihn in den Garten Eden, daß er ihn bebaute und bewahrte. Und Gott der Herr gebot dem Menschen [...]" (Gen 2,15 f.).

Erst der Segen, dann der Auftrag, dann das Gebot! Gott will den Menschen durch Gebote nicht knechten, sondern er richtet sie als Schutzwall auf, um das Leben des Menschen und der Schöpfung zu sichern. Dabei muß sich der einzelne vor einer falschen Gesetzlichkeit (Mt 23, Gal 2 u.a.) genauso hüten wie vor einem totalen Normenrelativismus (vgl. die Situation in Korinth; 1 Kor). Wenn Gruppendynamiker alles Traditionelle, also auch göttliche Gebote, „verflüssigen" wollen, betreiben sie die Auflösung notwendiger Schöpfungsordnungen und führen die Gesellschaft in Haltlosigkeit und Anarchie hinein.[113]

Zwei solcher Schöpfungsordnungen seien miteinander verglichen, um die Grenzen technischer Methodisierbarkeit herauszustellen. Zum einen ist da der Garten, der die Umwelt des Menschen symbolisiert. Diesen darf der Mensch mittels technischer Methoden bebauen und bewahren; er darf ihn sich untertan machen und auch verändernd in seine Strukturen eingreifen, aber immer in Verantwortung vor Gott, dem das Land gehört! – Zum anderen ist da die Verbindung von Mann und Frau. Mann und Frau werden gemeinsam über die übrige Schöpfung gestellt. Als lebendige Wesen geschaffen (vgl. Gen 2,7), haben sie ein Herz. Das Herz ist das Personzentrum des Menschen, der Ort, den nur Gott sieht, der Ursprungsort böser Gedanken, aber auch das Organ, durch welches der Mensch Reinigung und Liebe von Gott empfängt und Liebe weitergeben kann (vgl. Jer 17,9; 1 Sam 16,7; Ps 51,12; Mt 15,19; Lk 16,15; 2 Thess 3,5; 1 Tim 1,5 u.a.). Weil das Herz (hebr. *leb*) dieser geheiligte Ort ist, darf in ihn nicht methodisch eingegriffen werden. Liebe, die die höchsten Schöpfungsordnungen, nämlich Ehe und Gemeinschaft, konstituiert, verträgt keine Technik. Die überdurchschnittlich hohen Ehescheidungsraten im Zusammenhang mit gruppendynamischen Sitzungen sprechen hier eine beredte Sprache, weil die Gruppenbindung oft stärker wird als die Verbundenheit mit dem Ehepartner.

Jesus sagt: „Ich stehe vor der Tür und klopfe an. Wenn jemand meine Stimme hört und die Tür öffnet, werde ich zu ihm hineingehen" (Offb 3,20). Die Gruppendynamik hingegen rennt die Tür des Herzens emotional ein.

4.4 Seit jeher wollte der Mensch autonom sein: Er trennte sich von Gott und verfiel damit der Wirklichkeit der Sünde

„Ihr werdet sein wie Gott und wissen, was gut und böse ist" (Gen 3,5)
„Das Dichten und Trachten des menschlichen Herzens ist böse von Jugend auf" (Gen 8,21).

Gruppendynamiker sagen: Der Mensch ist von Natur aus gut und autonom. Er kann sich selbst verwirklichen. Diese Behauptungen stehen im klaren Widerspruch zur Heiligen Schrift.

Wie die Bibel und die Erfahrung lehren, trat und tritt der Mensch immer neu aus der Verbindung mit Gott heraus und verwirkt damit sein eigentliches Personsein, seine Gottebenbildlichkeit.[114] Er verfällt dem Machtkreis der Sünde: Tod, Teufel, Gericht, Lebensangst, Nichts (Gen 2,17; Lk 15,24; Eph 2,1 ff.). Sein Autonomiestreben endet im Selbstbezug und Selbstbetrug: „homo incurvatus in se" (Luther). Schuld ist bittere Wirklichkeit und nicht nur ein „Gefühl", das man in der Gruppe „verändern" könnte. Indem der Mensch „sich selbst verwirklichen" will, vertauscht er die Wahrheit Gottes mit der Stärkung seiner eigenen sündigen Wirklichkeit und die Fülle Christi mit der Nichtigkeit trügerischer Selbsterfahrung.[115] Die Schlange hat ihn betrogen. Das, was der Mensch durch den Abbruch des Kontakts mit Gott verloren hat, versucht er nun selbst herzustellen (s. 4.5).

Ein weiterer Gesichtspunkt: Es ist immer entscheidend, daß bei Handlungen und Entscheidungen das

Gewissen als Bürge subjektiver Wahrhaftigkeit eingeschaltet bleibt und am Wort Gottes (!) geschärft wird (vgl. Mt 6,23; Lk 11,34 ff.; Joh 8,9; Röm 9,1 u.a.). Nur so kann Sünde als Sünde klar erkannt werden (Apg 23,1; Röm 7,14 ff.; 14,1 u.a.). Wird dagegen der Ruf des Gewissens ausgeschaltet (wie oft bei der Gruppendynamik), so kommt es zur Relativierung persönlicher Wahrhaftigkeit und zur Selbsttäuschung über die eigene verlorene Lage. Bleibt das Gewissen zwar eingeschaltet, aber nur als „Gerichtshof" (Kant) vor sich selber, nicht vor Gott, dann kommt es zur Selbstrechtfertigung oder zur Selbstverurteilung, aber nicht zu echter Buße und Vergebung (vgl. 4.7).

4.5 In seinem selbstbezogenen Machbarkeitswahn vertauschte der Mensch die vom Geist Gottes gewirkte Gemeinschaft mit selbstgewirkter seelischer (und z. T. körperlicher) Gemeinschaft: In der Gruppe strebt er auf dem Weg der Selbsttranszendierung nach quasi-religiösen Erfahrungen und nach Selbsterlösung („von unten nach oben").

„Kain [...] baute eine Stadt, die nannte er nach seines Sohnes Namen Henoch" (Gen 4,17).
Nach dem Zerbruch der Gemeinschaft mit Gott (Gen 3) und dem Mitmenschen (Gen 4), in die der

Mensch „hineingeboren" worden war, will sich der Mensch das Verlorene selbst schaffen: Als erste „gebildete" Gemeinschaft entsteht eine Stadt. Es ist kennzeichnend, daß diese Stadt den Namen eines Menschen („Henoch") trägt: Die Verbindung zu Gott ist abgerissen und das Menschengeschlecht steuert geradewegs auf die Sintflut zu.

Auch in der Gruppendynmik versucht man, den fehlenden Geist Gottes durch technische Methoden und Emotionen zu ersetzen. Kaum ein anderer hat die Unterschiede zwischen geistlicher und seelischer Gemeinschaft treffender gekennzeichnet als Dietrich Bonhoeffer (*Gemeinsames Leben)*:[116]

> „Pneumatisch = ‚geistlich' nennt die Heilige Schrift, was allein der Heilige Geist schafft, den uns Jesus Christus als Herr und Heiland ins Herz gibt. Psychisch = ‚seelisch' nennt die Schrift, was aus den natürlichen Trieben, Kräften und Anlagen der menschlichen Seele kommt.
> Der Grund aller pneumatischen Wirklichkeit ist das klare, offenbare Wort Gottes in Jesus Christus. Der Grund aller psychischen Wirklichkeit ist das dunkle, undurchsichtige Treiben und Verlangen der menschlichen Seele" (S. 22).

Als weitere Kennzeichen der geistlichen Gemeinschaft nennt Bonhoeffer u.a.: Wahrheit, Licht, Berufung, Agape; allein das Wort Gottes regiert und bindet. Demgegenüber trägt seelische Gemeinschaft die Charakteristika: Begehren, Finsternis, Zusammensein der „frommen Seelen", Eros; Erfahrungen, suggestiv-magische Anlagen und Menschen regieren und binden. „So regiert dort der Geist, hier die Psychotechnik, die Methode, dort die naive, vorpsychologische, vormethodische, helfende Liebe zum Bruder, hier die psychologische Analyse und Konstruktion [...]" (Gemeinsames Leben, S. 23).

Ein weiterer wichtiger Unterschied:
> „Innerhalb der geistlichen Gemeinschaft gibt es niemals und in keiner Weise ein ‚unmittelbares' Verhältnis des einen zum anderen, während in der seelischen Geimeinschaft ein tiefes, ursprüngliches seelisches Verlangen nach Gemeinschaft, nach unmittelbarer Berührung mit anderen menschlichen Seelen [...] lebt. Dies Begehren der menschlichen Seele sucht die völlige Verschmelzung von Ich und Du, sei es, daß dies in der Vereinigung der Liebe, sei es nun, was doch dasselbe ist, daß es in der Vergewaltigung des anderen unter die eigene Macht- und Einflußsphäre geschieht. Hier lebt der seelisch Starke sich aus und schafft sich die Bewunderung, die Liebe oder die Furcht der Schwachen" (S. 23 f.).

„[...] seelische Liebe kann den Feind nicht lieben" (S. 25), sie liebt nur den Sympathischen, denn sie ist „Begehren". Deshalb betreibt sie auch den „Ausschluß des Schwachen und Unansehnlichen" und damit letztlich „den Ausschluß Christi" (S. 29).

Wo seelische Gemeinschaft auf subjektive Gefühle und Erlebnisse aufbaut, gründet sich geistliche Gemeinschaft auf die Wirklichkeit Gottes: „Im Glauben sind wir verbunden, nicht in der Erfahrung" (S. 30). Bonhoeffer warnt in diesem Zusammenhang auch vor der Gefahr einer bloß „seelischen Bekehrung" (S. 22).

Alle bei Bonhoeffer genannten Kennzeichen einer *seelischen* Gemeinschaft finden sich in der heutigen Gruppendynamik wieder. Wir finden auch seelische Pseudobeichten und Pseudobekehrungen. Auch wenn „der Geist weht, wo er will" (Joh 3,8) – wir haben Anlaß, kritisch zu fragen, ob Erfahrungen wie „Vergebung" und „Heilsfreude" in gruppendynamischen Sitzungen nicht sehr oft durch „Überwältigung des Schwachen durch den Starken" (Bonhoeffer, S. 24) zustande kommen, also durch psychologischen Gruppendruck statt durch klare Erkenntnis des Wortes Gottes unter der Leitung des Heiligen Geistes (Röm 10,17). Wird heute nicht oft der Heilige Geist mit dem Gefühl verwechselt? (Diese Gefahr ist leider auch bei zu emotional aufgemachten Evangelisationen gegeben!)[117]

Eine zentrale Bibelstelle zum Thema *geistliche* Gemeinschaft ist Kol 2,2 ff.:
> „[...] damit ihre Herzen gestärkt und zusammengefaßt werden in der Liebe und zu allem Reichtum des vollen Verständnisses, zur Erkenntnis des Geheimnisses Gottes: Christus, in dem alle Schätze der Weisheit und Erkenntnis verborgen liegen."

Auch hier ist die Rede vom Herzen, vom heiligen, innersten Personzentrum. Die Herzen werden zusammengefügt, aber nicht durch Technik, sondern durch die göttliche Liebe (Agape), die Kraft schenkt, auch den Feind und den Unsympathischen zu lieben (Mt 5,43 ff.). Und sie werden vorher nicht durch „Auftauen" geschwächt (die Identität des Gläubigen wird nicht zerbrochen), sondern sie werden gestärkt. Durch die Erkenntnis und Annahme des personalen und göttlichen Geheimnisses Christus kann und wird dann (ohne gruppendynamische Manipulation) aus dem neuen Leben in Christus heraus eine Veränderung des Menschen eintreten, nämlich die von Gott gewirkte Heiligung (vgl. Röm 3–8).

Ein Bild soll das veranschaulichen: Wo unterschiedliche Menschen zusammenleben, kann, ja wird es zu Spannungen kommen. Es gibt Menschen, die in ihrem Wesen stachelig wie ein Igel und dickhäutig wie ein Elefant sind – und es gibt Menschen, die zartfühlend sind wie ein Veilchen. Normalerweise gehen sich solche verschiedenen Menschentypen aus dem Weg. Angst- und Haßgefühle zwischen ihnen sind an der Tagesordnung.
Gruppendynamische Methodiker, die Gemeinschaft herstellen wollen, gehen so vor, daß sie die Identität der gegensätzlichen Menschen aufzuweichen und einander anzunähern versuchen. Der Igel soll seine Stacheln verlieren, und das Veilchen soll stärkere Blätter bekommen. Unmittelbarer Kontakt wird angestrebt durch totale Enthüllung der Persönlichkeit mit dem Ziel ihres Zerbruches. Wo aber Methodik herrscht, bleibt für die Liebe kein Raum. Wo mit Angst und Zerbrechen der Persönlichkeit gearbeitet wird, da ist nicht die Liebe Christi, die die Furcht austreibt (1 Joh 4,18).
Christi Liebe hingegen akzeptiert die Persönlichkeit des einzelnen. Ihr Angriffsziel ist die Sünde, aber nicht der Mensch als solcher, der Mensch als Typ. Igel bleibt Igel und Veilchen bleibt Veilchen – beide in ihrer jeweiligen Eigenart. Wie aber kommt es zum Kontakt zwischen beiden? Indem Jesus dazwischentritt. Jesus trennt Igel und Veilchen im Blick auf die unguten Dinge zwischen ihnen – und er verbindet sie durch die Kraft seiner vergebenden Liebe. Jesu Liebe ist es, die die Herzen unterschiedlicher

Menschen gleichermaßen erfüllen kann und dadurch geistliche Gemeinschaft begründet. Es entsteht keine „Gemeinschaft um jeden Preis", auch auf Kosten der Wahrheit, sondern eine Gemeinschaft in Einheit *und* Wahrheit, in der Weisheit und Erkenntnis Christi.

4.6 Indem der Mensch von sich aus nach Transzendenz strebt, öffnet er sich der Verführungsgewalt dämonischer Mächte, die ihm anbieten, zu sein wie Gott

Wenn Gruppendynamiker mit ihren Methoden einen „neuen Menschen" und eine „kosmische Weltordnung" schaffen oder dem einzelnen eine „religiöse Erfahrung" ermöglichen möchten, beschreiben sie den Weg „von unten nach oben". Sie gelangen so aber nicht zu Gott, sondern zu den Verführungsmächten, die dem Menschen einreden, er könne solches aus eigener Kraft erwirken (Gen 3,4 f., Eph 6,11 ff. u.a.). Diese Mächte sind nicht harmlos: „Im Griff nach dem Geistigen greift *der Geist selber* nach dem, der nach ihm greift."[118] Satan benutzt jede Möglichkeit, Menschen von Gott fernzuhalten, auch in seiner Tarnung als „Engel des Lichts" (vgl. Joh 8,44; 2 Kor 11,14; Kol 1,13).

Hier drängen sich die Fragen auf: Sind Methoden neutral und harmlos? Ist Gruppendynamik neutral und harmlos?

„Das richtet sich ganz nach der Absicht, die man damit hat", antworten viele. [119] Koller zitiert sogar Römer 14,14: „Nur dem, der es für unrein hält, ist es unrein."[120] Diese Antworten gehen von der Voraussetzung aus, daß die Schöpfung als gute erhalten sei oder doch wieder gut gemacht werden könne: „Die christliche Gemeinde muß weltliches Material entdämonisieren [...]. Die ganze Schöpfung ist prinzipiell taufbar."[121] Hier wird ein sakramentaler Vorgang, der nach klarer biblischer Aussage nur zwischen Gott und Mensch stattfindet, nämlich die Taufe mit Absage an Satan, auf eine Methode übertragen.[122] Auf mystische Weise wird damit der Boden der christlichen Realität verlassen.

Methoden können aber nicht neutral sein, [123] weil sich das gesamte Weltgeschehen im Kampfbereich der Geistes- und Geistermächte abspielt. Methoden können nicht neutral sein, weil die Menschen, die sie begründen und anwenden, nicht neutral sind, sondern entweder Gott oder Satan gehören. [124] Wie gezeigt (s.o. Kap. 2), standen mehrere Begründer der Gruppendynamik in Verbindung mit okkulten Mächten und bauten diese in ihre Methoden ein. Andere begründeten ihre Methode im Blick auf Macht über Menschen. Kann aber eine Methode unabhängig von der Absicht ihres Urhebers gebraucht werden (vgl. Mt 7,17; vgl. 2,1)? Der Geist, der zur Entstehung einer Methode geführt hat, wohnt der Methode untrennbar inne und erfaßt auch den, der sie anwendet.

In der Gruppendynamik begegnet man somit nicht einfach der „guten Schöpfung Gottes" (Becker, Koller u.a.), sondern dämonischen und menschlichen Elementarmächten, die den Geist Gottes geradezu ausschließen können (vgl. Bonhoeffer, oben in 4.5).[125] So steht etwa der Einsatz von Schmerz und Emotionen wie Angst, Frustration und Sich-selbst-überlassen-Sein im Namen einer „Seelsorge durch die Gruppe"[126] in diametralem Gegensatz zur Seelsorge Jesu. In der Gruppe geht es um die Veränderung des Menschen mit Hilfe von Angst; und Angst ist der krankmachende Faktor in vielen Neurosen (Rattner). Die von Jesus geforderte und ermöglichte Nächstenliebe hingegen handelt nicht aus Angst, auch nicht aus Angst vor einem furchtbaren Gott, den man durch Opfer beschwichtigen müßte. Der lebendige Gott selbst hat ja für uns in Jesus Christus das Opfer gebracht – aus Liebe. So allein entsteht Heil (vgl. Hebr, besonders Hebr 9,28). Und deshalb handelt der Christ allein aufgrund der Liebe Gottes zu uns – in Liebe zu Gott und dem Nächsten („Fürchtet euch nicht!" Mt 1,20; Mt 28; 1 Kor 13; 1 Joh 4,18f.).

Schließlich zeigt sich: Wer den Menschen nur im technischen Rahmen sieht, wird ihn bald als Material behandeln und durch Methoden seine Personwürde auflösen.

Die Gruppendynamik ist ein herausragendes Beispiel dafür, daß es gilt, die Geister zu unterscheiden (1 Joh 4,1 u.a.).

Parallel zu Genesis 3 kann man in der Gruppendynamik vier Verführungsstufen entdecken (vgl. auch 2.4.3):
a) *Kontaktaufnahme:* „Die Schlange [...] sprach [...]: Ja, sollte Gott gesagt haben: ihr sollt nicht essen von allen Bäumen im Garten?" Die Schlange greift ein Thema auf, für das Eva ansprechbar ist. – Ebenso wird in der Gruppendynamik als „Öffner" ein Thema aus dem Lebensbereich der Teilnehmer behandelt, bei Marxisten z.B. „Revolution", bei Pietisten z.B. „Heiligung". Bei nonverbaler Gruppendynamik erfolgt die Kontakt-

aufnahme noch unmittelbarer durch Körperberührungen.
b) *Desensibilisierung:* Nun wird das Denken ins Fühlen überführt. Die Schlange weckt Emotionen bei den Menschen, indem sie das Gebot Gottes, sie dürften von allen Bäumen außer einem essen, verfälschend wiedergibt als ein totales Verbot („ihr sollt nicht essen von *allen* Bäumen"). Für Adam und Eva ist jetzt nur noch dieses Thema wichtig; prompt gehen ihre Gedanken nur noch in diese eine Richtung. – So wird auch bei der Gruppendynamik die Empfänglichkeit für andere Eindrücke als die vorgesehenen abgebaut, z.B. durch ihre Verurteilung oder starke Gegenreize. Standpunkte (Ethik, Religion, Gewissen usw.) werden relativiert, indem statt dessen z.B. Komplexe, die alle gemeinsam haben, in den Vordergrund treten. Regeln vom Typ „Wir leben im Hier und Jetzt", „Rede nur per Ich" usw. klammern Umwelt, Familie und Tradition aus (vgl. 2.2). Die Gruppe wird zu einem abgesonderten Bezirk mit Heilscharakter.
c) *Sensibilisierung:* „Da sprach die Schlange: Ihr werdet keineswegs des Todes sterben, sondern Gott weiß: an dem Tag, da ihr davon esset, werden eure Augen aufgetan, und ihr werdet sein wie Gott und wissen, was gut und böse ist." Durch Einflußnahme in verschiedenster Weise, insbesondere durch die Konzentration auf das eigene Ich und das Streitigmachen jeder anderen Autorität, wird das gesteckte Ziel angestrebt. – Auch in der Gruppendynamik soll insbesondere die Selbstwahrnehmung erhöht werden. Dazu dienen Schritte verschiedenster Art, z.B. das „Killen des

Trainers" (Symbol für die Ablehnung jeder höheren Autorität und das „Sein-wollen-wie-Gott") oder das Chairman-Prinzip („Sei dein eigener Vorsitzender").

d) Neues Leben: „Ihr werdet sein wie Gott" verspricht die Schlange den Menschen und betrügt sie damit. – „Neues Leben durch Abladen der Schuld auf die Gruppe und durch die Schaffung eines neuen Menschen" verspricht die Gruppendynamik den Menschen und betrügt sie damit (vgl. hierzu vor allem Morenos Behauptung: „Gott [...] lebt im Psychodrama", s.o. 2.1. d).

4.7 Die Befreiung des Menschen aus seiner selbstbezogenen Verlorenheit und seinem Verfallensein an dämonische Mächte kann nur „von oben nach unten" erfolgen: Gott kommt zum Menschen und bietet ihm in Jesus Christus neue Gemeinschaft und Erlösung an

„Denn so hat Gott die Welt geliebt, daß er seinen eingeborenen Sohn gab, damit alle, die an ihn glauben, nicht verloren gehen, sondern das ewige Leben haben" (Joh 3,16).
Jesus spricht: „Ich bin der Weg, die Wahrheit und das Leben; niemand kommt zum Vater – außer durch mich" (Joh 14,6).
Paulus schreibt: „Ich lebe; doch nun nicht ich, sondern Christus lebt in mir" (Gal 2,20).

Selbsthingabe statt Selbstverwirklichung, Erlösung durch Gnade statt Entblößung vor der Gruppe, Gemeinschaft der Glaubenden statt Kollektiv der Gesteuerten – das ist der biblische Weg zur Befreiung, im Gegensatz zur gruppendynamischen Sackgasse, die im potenzierten autonomen Ich und damit in der protenzierten Finsternis der Sünde endet.

Jesus Christus hat uns in seinen stellvertretenden Opfertod am Kreuz hineingenommen und damit alle, die an ihn glauben, von Sünde, Tod und Teufel erlöst. Weil Christus sich am Kreuz hingab für uns, darum – und nur darum – können auch Christen sich für andere hingeben (Mt 10, 38 f.).

Weil Christus am Kreuz unsere Lasten trug, darum – und nur darum – können auch Christen die Lasten anderer tragen (Jes 53,4; Gal 6,2; 1 Joh 2,1 f.).

Weil Christus selbst seine Gemeinde baut, darum – und nur darum – können Christen Heilung *und* Heil in dieser Gemeinde zusprechen (1 Kor 12,4 ff.).

Nur aus der Vollmacht Christi heraus erwächst Christen die Vollmacht, die Macht der dämonischen Mächte zu brechen (Eph 6,10 ff.).

Nur aus der Einheit *und* Wahrheit in Christus heraus kann die Einheit der Christen in der Welt (die wahre Ökumene) entstehen: Die Einheit Christi ist christozentrisch (Joh 17; Eph 4,3 ff.), die Einheit des Antichristen aber synkretistisch (2 Kor 6,14 ff.; Offb 13,8 und 17,13).

Nur kraft der Liebe Christi können Christen auch den lieben, der nicht liebenswert ist (Mt 5,44; Joh 15,9.12).

Nur durch das Sterben und Auferstehen mit Christus entsteht der in Wahrheit neue Mensch (Röm 6 ff.).

Nur weil Christus lebt, wird auch der ewig leben, der nicht an sich und die anderen, sondern an Jesus Christus als den gekreuzigten, auferstandenen und wiederkommenden Herrn glaubt (s. vor allem Joh 3,16).

4.8 Ergebnis

In Jesus Christus ist die verwirkte Gottebenbildlichkeit des Menschen aufs neue verwirklicht, und zwar vollkommen. Jesus Christus, Gottes Sohn, ist der Gott entsprechende Mensch und der zu den Menschen sprechende Gott zugleich. Indem Gott dem Menschen in Jesus Christus des Personsein neu zuspricht und die zerrissene Gemeinschaft heilt, werden alle anderen, eigenmächtigen Bestrebungen des Menschen, Gemeinschaft zu schaffen, als nichtig entlarvt. Am Kreuz Christi wird eigenmächtige Gemeinschaft gerichtet und neue Gemeinschaft gestiftet.

Denken und Gefühl müssen verantwortlich unter Leitung des Heiligen Geistes in der Prüfung an der Heiligen Schrift gebraucht werden, sonst entsteht statt Heil Un-Heil, statt Friede Un-Friede und statt Freiheit Gebundenheit („Wo der Geist des Herrn ist, da ist Freiheit" [2 Kor 3,17]; s. auch Joh 6,63; Gal 5,22; 2 Tim 1,7 u.a.).

Nach allem bisher Dargestellten dürfte klargeworden sein, daß Gruppendynamik im Raum der christlichen Gemeinde nicht zu verantworten ist. (Außerdem ist sie überflüssig; vgl. unten Kap. 5.) Zu tief sind die Unterschiede zwischen Gottes-, Welt- und Menschenbild der Gruppendynamik einerseits und dem biblischen Reden von Gott, Mensch und Welt andererseits; zu deutlich ist die ideologische und zum Teil okkulte Belastung vieler der Begründer und Hauptvertreter der Gruppendynamik; zu einschneidend ist die Verletzung des menschlichen Herzens, des heiligen Personzentrums!

Für den Bereich der *christlichen Gemeinde* gilt, daß alle Methoden abzulehnen sind, durch die

a) Gruppenkonformität auf Kosten von Vertrauen und Gehorsam gegenüber Gottes Wort bewirkt wird;
b) die persönliche Entscheidungsfreiheit und Selbstverantwortung durch gefühlsmäßige Einbindung in die Gruppe beschränkt wird;
c) das Gewissen betäubt bzw. von seiner Bindung an Gottes Wort gelöst wird sowie Hemmschwellen, die die Würde der Person schützen, gezielt abgebaut werden;
d) vernünftige Sachargumentation und sachlicher Protest methodisch unmöglich gemacht werden;
e) rein technisch über Gruppenerfahrung und Gruppenzwang Veränderungen erreicht werden sollen, die beim Christen durch die Begegnung mit Gottes Wort als Frucht des Heiligen Geistes zu erwarten sind (z.B. Liebe, Freude, Friede, Geduld, Glaube, Sanftmut; s. Gal 5,22);
f) geistliche Verhaltensweisen von dem Urteil anderer abhängig gemacht werden;
g) Angst, Schmerz und Frustration zum Einsatz kommen und Belastungen und Schäden entstehen können;
h) die Bedeutung solcher Dinge wie „Sünde", „Kreuz", „Vergebung", „Beichte", „Wahrheit Gottes" usw. verwässert wird zu einem rein zwischenmenschlichen Geschehen.

Auch im *nichtkirchlichen Bereich* sind alle Methoden abzulehnen, durch die
a) Gruppenkonformität mit gezielter einseitiger Beeinflussung erreicht werden soll (Manipulation);
b) die persönliche Entscheidungsfreiheit und Selbstverantwortung durch gefühlsmäßige Einbindung in die Gruppe beschränkt wird (Gefühle sind nicht schlecht, schlecht ist aber ihre Steuerung und Benutzung durch andere!);
c) das Gewissen – als ein Schutzmechanismus des Selbstkonzeptes der Persönlichkeit – betäubt wird und Hemmschwellen, die die Würde der Person schützen, gezielt abgebaut werden;
d) vernünftige Sachargumentation und sachlicher Protest methodisch unmöglich gemacht werden;
e) über Gruppenerfahrung und -zwang Veränderungen erreicht werden sollen, die der einzelne zunächst gar nicht will oder erahnt (Problematik des gruppendynamischen Slogans „Therapie an Gesunden");
f) individuelle, vielleicht gute und objektiv förderliche Verhaltensweisen und Einstellungen vom Urteil anderer abhängig gemacht und womöglich dadurch durch schlechtere, weniger förderliche Verhaltensweisen ersetzt werden;
g) Angst, Schmerz und Frustration zum Einsatz kommen, das Selbstvertrauen/Selbstverständnis zerbrochen wird sowie Belastungen und Schäden entstehen können.

Somit wird deutlich, daß die Frage, ob Gruppendynamik im nichtkirchlichen Raum (Schule, Berufsausbildung, Heilkunde) verantwortet werden kann, ebenfalls verneint werden muß. Auch außerhalb der

Kirche geht es um den Menschen, geht es um die Würde und das Herz des Menschen, in das nicht methodisch eingegriffen werden darf: „Die Würde des Menschen ist unantastbar" (Grundgesetz der Bundesrepublik Deutschland, Artikel 1,1). Es darf Gartenbaumethoden geben, aber keine „Menschenbaumethoden"!

Wie nun allerdings eine Seelsorge an und in der Gruppe, aber nicht durch die Gruppe, unter bestimmten Umständen notwendig und verantwortet werden kann (s. 5.1), so kann unter bestimmten Umständen auch eine Therapie an und in Gruppen notwendig und verantwortet werden, und zwar in Form eines freien Gruppengesprächs mit Erfahrungsaustausch und gegenseitiger Stärkung, in Achtung vor der Person des anderen und in herzlicher Liebe – *ohne* Zusteuerung auf die oben genannten Auswirkungen. Hier handelt es sich dann allerdings nicht um Gruppendynamik, sondern um Gruppendynamis (s. 1.1)! (Bezüglich des jeweiligen Behandlungsspielraumes von Seelsorge und Psychotherapie ist genau zwischen Sünde und Krankheit zu unterscheiden. Der Psychotherapeut, aber auch der Seelsorger muß jeweils die Grenze seiner Kompetenz erkennen.)

Eine Gruppentherapie, die die Würde des Menschen nicht verletzt, könnte u. U. zur Behandlung von Suchtkranken oder krankhaft Kontaktschwachen angebracht sein. Zu beachten wäre:
a) daß die Teilnehmer nur in ungemischten, homogenen Gruppen zusammenkommen;
b) daß alle Teilnehmer gleichzeitig unter einzelpsychotherapeutischer oder -seelsorgerlicher Betreuung stehen, die evtl. eintretende Schäden sofort

aufdeckt und die (zu rein therapeutischen Zwecken!) Gefühle und Ängste zu artikulieren hilft, welche der einzelne in der Gruppe nicht äußern könnte, ohne seine Würde aufs Spiel zu setzen;
c) daß es zu keinem allgemeinen Enthüllungsprozeß in der Gruppe kommt, sondern nur besprochen wird, was allen gemeinsam Not macht (z.B. Themen „Alkohol" bei Alkoholikern, „Einsamkeit" bei Kontaktschwachen usw.);
d) daß die oben besprochenen negativen Auswirkungen vermieden werden;
e) daß „Gruppensucht" vermieden wird.

In Schule, Jugendarbeit und anderswo können Schauspiele durchgeführt werden, aber keine psychodramatischen Rollenspiele. Schauspiel und psychodramatisches Rollenspiel sind klar zu unterscheiden (s.o. 1.2 d). Psychodramatische Rollenspiele verstellen der individuellen Identitätsbildung gerade von Kindern den Weg und verletzen die Person und Identität des Menschen.

An Veranstalter, Staat, Ausbilder und alle Beteiligten und Verantwortlichen sind folgende sechs Forderungen zu stellen:
a) Gruppendynamische Veranstaltungen müssen als solche erkennbar gemacht werden.
b) Niemand darf gezwungen werden, in gruppendynamische Veranstaltungen zu gehen.
c) Der Zugang zu Berufen (z.B. zum Beruf des Krankenhausseelsorgers) darf nicht von der Teilnahme an gruppendynamischen Ausbildungsformen abhängig gemacht werden.
d) Jeder muß über die Schäden, die durch Gruppen-

dynamik entstehen können, informiert werden.
e) Wo es zu Schäden kommt, sind die schuldhaft Verantwortlichen strafrechtlich zu verfolgen – besonders dort, wo sie ihrer Informationspflicht (s. a und d) nicht nachgekommen sind.
f) Die im Ansatz durchaus vorhandenen Alternativen zur Gruppendynamik (z.B. biblisch orientierte Seelsorge) sind zu fördern.

5. Alternativen

Gute, konstruktive Kritik zeichnet sich bekanntlich dadurch aus, daß man nicht nur sagt, was falsch ist, sondern auch, was das Richtige ist; nicht nur, wie man es *nicht* machen sollte, sondern auch, *wie* man es machen *sollte*. In diesem Kapitel wollen wir diesen zweiten Aspekt vertiefen. In Abschnitt 5.1 soll es dabei darum gehen, wie man Menschen mit seelischen Problemen auf *nicht*gruppendynamische, dafür aber christlich-biblische Art hilft; in 5.2 zeigen wir Strategien auf, mit denen man sich, wenn man aus irgendeinem Grund in eine gruppendynamische Situation hineingeraten ist, helfen kann.

5.1 Biblische Seelsorge

Die große Antwort der Christen auf die Gruppendynamik als therapeutische Methode lautet „biblische Seelsorge". Daß solche Seelsorge heute auch als „alternative Seelsorge" bezeichnet wird[127] – gerade so, als sei sie etwas unerhört Unkonventionelles, Neues, und nicht eine auf die Urgemeinde, ja Jesus selbst zurückgehende Tradition –, hat etwas Entlarvendes und Alarmierendes an sich. Aber es ist in der Tat so, daß in der kirchlich-theologischen Diskussion und Ausbildung biblische Seelsorge heute in einer Außenseiterposition ist; die Norm ist prinzipielle Offenheit gegenüber weltlich-psychologischen Methoden wie eben den gruppendynamischen. In unserer jetzt folgenden Darstellung der biblischen bzw. „alternativen" Seelsorge folgen wir insbesondere G. Maier.[128]

„Alternative Seelsorge meint im Unterschied zur Pastoralpsychologie, die sich mehr an den Humanwissenschaften orientiert, das grundsätzlich an der Bibel und ihrer Botschaft ausgerichtete seelsorgerliche Bemühen um den Menschen."[129] Als exemplarisch wird hier insbesondere die Seelsorge Jesu betrachtet.

„Allem seelsorgerlichen Bemühen geht – mindestens sachlich, meist auch zeitlich – die Bekanntmachung des Gotteswillens in der öffentlichen Predigt oder in der Anrede an den einzelnen voraus."[130] (Vgl. Mt 14,3 ff.; 19,16 ff. u.a.). Nirgendwo findet sich ein Gewährenlassen oder ein Vertrauen auf autonome Selbstheilungskräfte wie etwa bei Rogers, Stollberg u.a. Folgerichtig schließt sich nicht selten Gemeindezucht an die Seelsorge an (1 Kor 5,1 ff., Mt 18,15 ff. u.a.), allerdings stets mit dem Ziel, daß der Betreffende wieder in die Gemeinde zurückgeführt wird und sein „Geist gerettet werde am Tage des Herrn" (1 Kor 5,5). Die biblische Seelsorge ist Ermahnung (Paränese), gibt also konkrete Handlungsanweisungen als Orientierungshilfen für das Leben (vgl. z.B. Röm 12 ff.; Spr; Adams, Befreiende Seelsorge).

„Im NT gibt es keine säkulare oder säkularisierte Seelsorge; denn eine „Entfaltung des Menschseins ohne Gott ist für das NT nicht nur fremd, sondern sündige Lösung von Gott."[131] Dagegen gibt es „hinführende Seelsorge", die Hilfestellung zum Glauben an Jesus sein will (vgl. Joh 1, 43 ff.; 4, 28 ff.; 1 Kor

9, 19 ff.)[132] und „begleitende Seelsorge", die wiedergeborene Christen im Glauben stärken und zum wahren Glauben zurückrufen will (vgl. 1 Petr 1,9).[133] Weil der Seelsorger den vor Gott *und* in der Welt stehenden Menschen im Namen Jesu anspricht, muß er in je gleichem Maße von Christus zeugen, Befreiung von Sünden zusprechen und in Nöten und Fragen Beratung bieten, muß er Glaubens- *und* Lebenshilfe leisten (vgl. Jentsch, Der Seelsorger), wobei sich das eine vom anderen nicht trennen läßt. Glaubenshilfe *ist* Lebenshilfe (vgl. Tacke, Glaubenshilfe als Lebenshilfe).

Vollmacht – auch zur christlichen Seelsorge – ist nach biblischer Aussage an die Berufung gebunden, nicht an die Ausbildung (Mt 10,1 ff.; Apg 13,2 ff.; Gal 1,11 ff. u.a.).[134] Jesus berief unausgebildete Jünger (Apg 4,13), und ausgebildete Gelehrte konnten erst nach ihrer Berufung in Jesu Dienst treten (Apg 6,7;9,1 ff.). Methoden können den Geist Gottes nicht ersetzen, der Berufene dazu befähigt, Sünden aufzudecken und im Namen Jesu zu vergeben (Mt 16,19 und 18,18; Joh 20,22 f.).[135]

Anhand von Johannes 21,15 ff. stellt Maier[136] sieben Schritte biblischer Seelsorge fest:
a) „Kommenlassen" des Klienten: Jesus beginnt nicht sofort mit dem seelsorgerlichen Gespräch, sondern läßt Petrus gewissermaßen erst „kommen" („als sie das Mahl gehalten hatten").
b) Initiative des Seelsorgers: Jesus beginnt das Gespräch und ist kein bloß Reagierender.
c) Vertrauen und Liebe als Grundlage: Das Gespräch findet unter vier Augen statt (vgl. Beicht-

geheimnis!). Grundlage ist „die suchende Liebe Gottes [...], die den Menschen aus Verlorensein und Gottlosigkeit retten will";[137] vgl. Jesu Frage „Hast du mich lieb?".

d) Ansprechen der Sünde: Dies geschieht zugleich klar (dreimal die Frage nach der Liebe, in Anspielung auf die dreifache Verleugnung) und zart (eben in Form der Frage und nicht des schroffen Verurteilens).
e) Zerbruch der Selbstgerechtigkeit („Petrus wurde traurig") in der Erkenntnis und dem Eingeständnis der Sünde („Herr, du weißt alle Dinge").[138]
f) Vergebung der Sünde: erneute Annahme und Beauftragung.
g) Anleitung zum Leben und zum Dienst in der Gemeinde („Weide meine Schafe!").

Neben solcher Einzelseelsorge gibt es im NT durchaus auch Seelsorge an Gruppen, aber nicht „*durch* die Gruppe" (Stollberg!). Anhand von Matthäus 20,20 ff. zeigt Maier[139] hier sechs grundlegende Unterschiede zur Gruppendynamik auf:
a) Sünden werden klar als Sünden angesprochen („so soll es nicht sein unter euch" in Vers 26).
b) Es erfolgt keine allgemeine Aufdeckung von Sünden, sondern nur derjenigen, die in der betreffenden Situation Not machen.
c) Es kommt zu keinem Enthüllungsprozeß innerhalb der Gruppe selbst. Besprochen wird nur, was der Gruppe schon bekannt war (V. 24 f.).
d) Es gibt keine „Annahme durch die Gruppe", die heilschaffend wäre, sondern nur durch Jesus, den

Menschensohn, der gekommen ist, „daß er diene und gebe sein Leben zu einer Erlösung für viele" (V. 28).
e) Der Seelsorger handelt aus persönlicher, von Gott verliehener Vollmacht heraus.
f) Die Problemlösung erfolgt durch den Hinweis auf den Willen Gottes (V. 23), nicht „non-direktiv" (Rogers).

Maier faßt zusammen:[140]
> „Die Seelsorge an einzelnen wird immer dort vorgezogen, wo das Gespräch mit der Gruppe nicht unbedingt notwendig ist (Mt 18,15 ff.). Nur wo die ganze Gruppe betroffen ist und die Einzelseelsorge nicht genügend hilft, geht der Weg zur Gruppe. Der Maßstab [...] ist immer der Wille Gottes, wie er sich in seinem Wort – dem fleischgewordenen und dem geschriebenen! – niederschlägt. Dabei wird die Gruppe ebenso wie der einzelne Gott gegenübergestellt und schließlich explizit mit Gott in ein erneuertes, geheiltes Verhältnis gebracht. Die Binde- und Lösegewalt (Mt 18,18; Joh 20,22 f.) erstreckt sich gegebenenfalls auch auf die Seelsorge an Gruppen."

Ferner gilt: Zwischen Seelsorger und Klient steht Jesus kraft des Heiligen Geistes. Der Geist aber „weht, wo er will" (Joh 3,8) und darf und kann nicht durch Methoden eingeengt werden. Es müssen auch Worte ausgesprochen und Taten in Angriff genommen werden können, die man mittels einer Methode gar nicht einplanen kann. Nicht ich und nicht die Methode, sondern Jesus ist der wahre Seelsorger. Ich darf ihn um seine Führung bitten.

Sicher haben Rogers u.a. als Gegenreaktion auf eine zum Teil einseitige „verkündigende Seelsorge" mit Recht mehr Geduld, Zuhörenkönnen und Einfühlung gefordert. Dies darf aber nur ein Teil der Seelsorge sein. Zum rechten Zeitpunkt haben im seelsorgerlichen Gespräch Zuspruch der Frohen Botschaft, Schuldbekenntnis, Beichte, Gebet und Vergebung im Namen Jesu ihren unverzichtbaren Platz. Nur so ist Heil *und* Heilung von den Wurzeln her möglich.

In der Gruppe und Gemeinde sollen Herzen in der Liebe Christi (Agape) zusammengebunden sein, nicht durch Psychotechnik, die den Unsympathischen, Unkonformen ausschließt (vgl. oben 4.3–4.7).

> „Die Seelsorge im biblischen Sinn will entweder vernichten oder erretten. Ihre Absicht ist die Errettung. Der Vernichtung verfällt, wer sich nicht retten läßt." (E. Steinwand; zitiert von H. J. Bräumer, „Segen oder Fluch", in: Reller / Sperl, 57).
>
> „Jesus Christus spricht: ‚Kommet her zu mir alle, die ihr mühselig und beladen seid; ich will euch erquicken. Nehmet auf euch mein Joch und lernet von mir; denn ich bin sanftmütig und von Herzen demütig; so werdet ihr Ruhe finden für eure Seelen'" (Mt 11,28 f.).

5.2 Wie begegne ich einer gruppendynamischen Situation?

Die Gefahr, daß man – z.B. im Zuge einer Ausbildung – in gruppendynamische Sitzungen oder ganze gruppendynamisch organisierte Kurse hineingerät, ist heute immer häufiger gegeben. Wie kann man solche Situationen bestehen, ohne Schaden zu nehmen?

1. Grundvoraussetzung: Informieren Sie sich gründlich über Hintergründe, Methoden und Gefahren der Gruppendynamik. (Dazu soll ja auch dieses Buch dienen). Nur so können Sie überhaupt feststellen, ob in der Sitzung/dem Kurs gruppendynamisch vorgegangen wird. Rechnen Sie damit, daß die Veranstaltung auch dann gruppendynamisch organisiert sein kann, wenn dies im Programm nicht ausdrücklich angegeben wird.
2. Nehmen Sie rechtzeitig vor der gruppendynamischen Veranstaltung Kontakt mit ihrem Leiter bzw. der zuständigen Institution (z.B. Landeskirchenamt, Universitätsseminar) auf. Informieren Sie sich, ob Sie die Teilnahme verweigern können und welche Folgen dies hat. Begründen Sie Ihre Verweigerung. (Sagen Sie z.B., daß Sie eine Gruppe nicht als ihren „Seelsorger" akzeptieren, da Sie Ihren Seelsorger selber wählen wollen.)
   Wenn eine Verweigerung der Teilnahme nicht möglich oder ratsam ist, dann:
3. Beten Sie vor der Sitzung. Ziehen Sie die geistliche Waffenrüstung (Eph 6,10 ff.) an.

4. Machen Sie sich ständig bewußt, was bei der Sitzung methodisch vor sich geht. Drängen Sie die Veranstalter, ihre Vorgehensweise aufzudecken.
5. Versuchen Sie, sich so lange wie möglich aus dem seelischen Enthüllungsprozeß herauszuhalten. Treten Sie auch einer falschen Vertraulichkeit (vorschnelles „Du") entgegen.
6. Tun Sie bei gruppendynamisch ablaufenden Tagungen alles, was die Abgeschlossenheit der Gruppe durchbricht. Halten Sie Kontakt mit der „Außenwelt", indem Sie telefonieren, zwischendurch heimfahren, Freunde um Gebetsunterstützung bitten usw.
7. Drängen Sie immer wieder darauf, daß man sachlich arbeitet. Dabei Vorsicht: Einsprüche werden oft so umgebogen, daß man dadurch nur noch tiefer in den Gruppenprozeß hineingezogen wird. Begegnen Sie dem, indem Sie sich diese Gefahr bewußt machen.
8. Sind persönliche Aussagen gefordert, dann seien Sie besonders zurückhaltend. Wenden Sie sich auch gegen jeden Versuch, anwesende Personen und ihr Verhalten zum Thema des Gruppengesprächs zu machen. Decken Sie statt dessen nach Möglichkeit die Methoden der Veranstalter auf („So läuft das hier ab: ...").
9. Bleiben Sie auch während der Sitzung ständig in der Gebetsverbindung mit Jesus. Bitten Sie ihn um Durchblick, die Geister zu unterscheiden. Vertrauen Sie darauf, daß er am Kreuz den Sieg auch über gruppendynamische Geistes- und Verführungsmächte errungen hat.
10. Machen Sie während der Sitzung schriftliche

Aufzeichnungen als Protokoll oder Tagebuch. (Das kann Ihnen niemand verbieten. Falls es Ihnen dennoch verboten wird, haben Sie einen Grund, die Gruppe zu verlassen.) Die Aufzeichnungen dienen zur Selbstkontrolle und eventuellen dokumentarischen Verwendung.

11. Halten Sie sich innerlich frei von Lob und Tadel durch die Gruppe; lassen Sie sich nicht von ihrer Meinung bzw. ihrem Wohlwollen abhängig machen.

12. Beachten Sie bei gruppendynamisch ablaufenden Tagungen, daß der Gruppenprozeß auch außerhalb der eigentlichen Sitzungen weiterläuft (alles wird registriert). Seien sie zurückhaltend mit Äußerungen, die man gegen Sie verwenden könnte.

13. Sperren Sie sich gegen systematisches Abfragen von persönlichen, gefühlsmäßigen Eindrücken und Befindlichkeiten (z.B. „Wie empfinden Sie die Gruppe?"; „Wie schätzen Sie sich selbst ein?"). Bilden Sie, soweit vertrauenswürdige Gleichgesinnte vorhanden sind, Paare oder Untergruppen innerhalb der Gruppe. Handelt es sich um Christen, dann treffen Sie sich zu Bibellesen und Gebet. Sprengen Sie durch gemeinsame Verweigerungshaltung den Gruppenprozeß (zwei sind stärker als einer).

14. Nutzen Sie Pausen zur persönlichen Kontaktnahme mit anderen Gruppenteilnehmern und versuchen Sie, ihnen klarzumachen, was vor sich geht. Überzeugen Sie sie durch Ihr persönliches Zeugnis. Vertrauen Sie aber nicht blind jedem.

15. Lassen Sie sich nicht zu Gefühlsausbrüchen, Angstäußerungen und Aggressionen hinreißen;

sie wären nur Benzin für den gruppendynamischen Motor.
16. Begründungsmöglichkeiten für einen Austritt aus der Gruppe:
   a) Hinweis auf Ineffektivität: „Diese Vorgehensweise führt für mich zu keinem brauchbaren Ergebnis." – „Die Art, wie das hier abläuft, bringt absolut nichts."
   b) Hinweis auf Würde der Person: „Wie hier der Intimbereich der Leute verletzt wird, das kann ich nicht mit meinem Gewissen vereinbaren." – „Hier wird ja nur in den Gefühlen anderer Leute herumgeschnüffelt, da mache ich nicht mit."
   c) Hinweis auf Schriften bzw. Verlautbarungen, die (relativ) kritisch zur Gruppendynamik stehen; im kirchlichen Bereich z.B.:
   – „Wort der Konferenz der Bekennenden Gemeinschaften in der EKD zur Gruppendynamik" vom 15.5.76 (in: Reller/Sperl, 199 ff.);
   – Memorandum „Christliche Seelsorge heute" der VELKD vom 29.5.78 (in: Reller/Sperl, 175 ff.);
   – „Handreichung zu Fragen der Pastoralpsychologie und Gruppendynamik" der 9. Württembergischen Landessynode vom 27.10.78.

6. New Age und Humanistische Psychologie – eine gefährliche Verbindung

„In der explosionsartigen Ausweitung des ‚Psychobooms' zeigen sich [...] starke *Tendenzen, das isolierte, sich selbst entfremdete Selbst in einem ungeheuren therapeutischen Enthusiasmus zum Gott zu erheben*", schreiben George R. Bach und Haja Molter in ihrem bereits 1976 erschienenen Buch „Psychoboom".[141] Sie stellen fest, daß die Humanistische Psychologie mit ihrer Hervorhebung und „Vergötzung des Selbst" (wie ein Kapitel überschrieben ist) auf einer breiten Basis – auch in Kirchen – Wurzeln gefaßt hat. Sie nehme „immer mehr die Stelle der herkömmlichen Seelsorge ein [...]. So kann Psychologie zum neuen Erlöser, zur neuen Kirche werden."[142]

Bach und Molter sind Kritiker des „Psychobooms". Ihre Kritik ist umso beachtlicher, als einer der Autoren, nämlich George Bach, Gründer eines gruppentherapeutischen Instituts in Los Angeles ist und darüberhinaus in Esalen, dem gruppendynamischen „Weltzentrum", tätig war.

Der Psychoboom ist eine Erscheinung, die sich nahtlos in das „New-Age-Bewußtsein" einfügt. Der astrologisch geprägte Begriff „New Age" bedeutet „Neues Zeitalter". „Ziel des New-Age-Gedankens ist es, eine *Erneuerung des menschlichen Bewußtseins* herbeizuführen, wodurch die Menschheit befähigt werden soll, im anbrechenden ‚*Zeitalter des Wasser-*

manns' ihre geistigen und spirituellen Kräfte so zu nutzen, daß sie in Übereinstimmung mit sich selbst und der Natur lebt und dadurch zu einer neuen, vollkommenen Stufe des Seins gelangen kann."[143]

Das von Vertretern der „New-Age"-Bewegung propagierte „Bewußtseins-Erweiterungs-Programm" („bep") zum Beispiel gilt als „Synthese aus Esoterik, Grenzwissenschaften, Parapsychologie, praktischer Psychologie, Managementwissen und angewandter Philosophie".[144] Es soll „unabhängig von einer bestimmten Religionsrichtung jedem einzelnen den Weg zu sich selbst, zu seinem Ursprung zeigen. Ziel ist, den göttlichen Funken im Menschen freizulegen".[145] „Geheimes Wissen" wird enthüllt, „gewaltige Kräfte" werden zur Verfügung gestellt, ein „völlig neues Weltbild" kosmischer Art tut sich auf. Dabei werden „z. T. ethische und moralische Grundsätze ausgetauscht werden müssen; werden einige wegfallen, andere hinzukommen."[146]

Bereits in diesen wenigen Punkten begegnen uns entscheidende Gegensätze zum biblisch-christlichen Glauben:
– Vermischung der Religionen – und damit Leugnung der Wahrheit des christlichen Glaubens;
– Vergottung und Selbsterlösung des Menschen – und damit Leugnung sowohl der menschlichen Sünde und Erlösungsbedürftigkeit als auch der Existenz des persönlichen und souveränen Gottes (für Ament, den Verfasser von „bep", ist „Gott" nur ein unpersönliches „Es", eine „höhere Macht", ein „Kontrolleur" usw.[147]);
– Offenbarung eines „Geheimen Wissens" – und

damit Ablehnung, Abwertung oder Umdeutung der biblischen Offenbarung;
- Schaffung neuer „moralischer Grundsätze" – und damit Ablehnung oder Relativierung biblischer Gebote;
- Schaffung eines neuen „kosmischen" Weltbilds mit der Einheit von Mikrokosmos und Makrokosmos – und damit Ablehnung des biblischen Redens von Gott, Mensch und Welt mit dem Gegenüber von Schöpfer und Geschöpf;
- Entfaltung „gewaltiger Kräfte" und ihre Anwendung in Form von schwarzer oder weißer Magie (je nach ethischer Haltung) – und damit Verleugnung der Warnungen Gottes vor Wahrsagerei, Hellseherei, geheimen Künsten, Zauberei usw. in jeder Form (auch *weiße* Magie ist von Satan!). „Wer das tut, der ist dem HERRN ein Greuel" (5. Mose 18,9 ff.)

So liest sich auch das „Bewußtseins-Erweiterungs-Programm" selbst wie ein Lehrbuch des Okkultismus (was es in Wirklichkeit auch ist!). Da finden sich z.B. Kapitel über „Astrologie", „Verkehr mit dem Unsichtbaren", „Reinkarnation", „Pendeln", „Hellsehen", „Hatha-Yoga", „hermetische Philosophie", „die altindische Erlösungslehre", „magische Handlungen" usw. – und daneben im gleichen Atemzug eine Einführung in die Transaktionsanalyse nach Eric Berne, eine Spielart der Humanistischen Psychologie („ICH BIN O.K. – DU BIST O.K.", „positives Streicheln und DU" usw.).[148]

Hans-Jürgen Ruppert schreibt in seinem Buch über die „New-Age-Bewegung": „Wer den Annoncenteil der Zeitschrift ‚Psychologie heute' aufschlägt, bekommt einen Eindruck, wie weit die gegenwärtige Psychologie bereits von Okkultismus und östlichen Weltanschauungen unterwandert ist."[149] „Anknüpfungspunkt für die ‚praktische Verwertbarkeit' der New-Age-Spiritualität sind vor allem die Psychotechniken, die in den vergangenen Jahren entwickelt wurden." Gemeint ist v. a. die „Human-Potential-Bewegung". „Die Bezeichnung ‚Human-Potential-Bewegung', die manchmal geradezu synonym zu ‚New-Age-Bewegung' verwendet wird, wurde in den 70er Jahren ‚für eine Reihe psychologischer Schulrichtungen, Zentren und Organisationen' geprägt, die Sensitivitäts-Trainings und Selbsterfahrungsgruppen (encounter) betreiben. Sie ist sozusagen die ‚Bewußtseinsfabrik', in der das neue Bewußtsein, die neue Spiritualität, die der Zeitenwende gemäß ist, produziert wird."[150]

„Das New Age ist die Erkenntnis unserer Selbst."[151] Es ist „ein großer Schritt zu uns selbst".[152] „Zur ‚Human-Potential-Bewegung' zählt man u.a. die sogenannte ‚Gestalttherapie' von Fritz Perls, die ‚Bioenergetik' von Alexander Lowen, einem Schüler von Wilhelm Reich, der die Vorstellung von einer ‚kosmischen Urenergie' oder ‚Bioenergie' entwickelte, sowie die ‚Vereinigung für Humanistische Psychologie', die 1962 von E. Fromm, V. Frankl und Abraham Maslow gegründet wurde. 1962 wurde auch das ‚Esalen-Zentrum' von Michael Murphy und Richard Price in Big Sur in Kalifornien gegründet, das auch östliche Meditationstechniken in seine Arbeit aufnimmt. Es liegt auf einem alten Kultplatz der Indianer und hat seinen Namen von einem in der Gegend ansässigen Indianerstamm!"[153]

Verschiedene Grundprinzipien des „New-Age"-Bewußtseins weisen Berührungspunkte mit Schulen der Humanistischen Psychologie auf:[154]
- Im *taoistischen Führungsprinzip* „wird jeder einzelne aufgerufen, den ‚Guru in sich' zu suchen".
  – Humanistische Psychologen sprechen von „Selbstfindung", „Selbstverwirklichung", „Ausschöpfen des eigenen Potentials".
- Ein *Gruppenbewußtsein* ist anzustreben, eine „neue Form des Bewußtseins [...], in der verschiedene Einzelbewußtseine sich verbinden und zu einer neuen, höheren aufsteigen, von deren Kraft und Bedeutung wir uns bisher noch kaum eine wirkliche Vorstellung machen können." – Auch humanistische Psychologen wissen von dem Kräftepotential einer Gruppen- oder gar Welteinheitsmeinung, das durch Gruppendynamik erschlossen werden kann.
- Ein *erweitertes, spirituelles Bewußtsein* „mißtraut jeder von außen kommenden Autorität und vertraut nur noch der eigenen Erfahrung. Die Transzendenz wird als Erfahrungsmöglichkeit begriffen." – Genauso schreibt fast wörtlich einer der Hauptvertreter der Humanistischen Psychologie, Carl Rogers: Die durch Gruppendynamik veränderten Menschen „vertrauen ihrer eigenen Erfahrung und mißtrauen jeder äußeren Autorität".[155] Sie hegen „Mißtrauen gegen eine kognitiv orientierte Wissenschaft" und glauben statt dessen „an das Okkulte, an das I-Ging und an die Tarockkar-

ten"; sie haben Interesse an „Meditation [...] übersinnlichen Phänomenen [...] esoterischen und transzendentalen religiösen Einstellungen".[156]

Eine ausführliche Darstellung und Kritik der „New-Age"-Bewegung kann und soll hier nicht geleistet werden, ebensowenig wie eine Beurteilung der Schulen der Humanistischen Psychologie sowie der noch weiter gehenden Transpersonalen Psychologie. Das ist an anderer Stelle bereits geschehen.[157] Es ging dem Verfasser nur um das Aufzeigen wichtiger Berührungspunkte zwischen beiden Richtungen. Eine Geistesverwandtschaft in einigen zentralen Punkten kommt hier zum Vorschein.

Wo vollends eine Verbindung zwischen diesen Bewegungen entsteht, werden tatsächlich Kräfte freigesetzt, die einer Welteinheitsgesellschaft und Welteinheitsreligion den Weg bereiten können. Denken wir daran, wie z.B. durch Gruppendynamik Menschen in ihrem Denken „gleichgeschaltet" werden können. Gruppendynamik läßt sich (von ihren Wirkungen her gesehen) ja definieren als eine Methode zur bewußten Steuerung und Veränderung des Denkens und Handelns von Menschen auf dem Gefühlsweg – und zwar mittels einer Gruppe und der in ihr freigesetzten psychischen Kräfte. Die Veränderung zielt immer in Richtung der Konformität mit der Gruppenmeinung, die ihrerseits wieder von einem hierarchisch gestuften System von Gruppenleitern bestimmt wird. Ein Zentrum dieser Manipulationshierarchie liegt allen Beobachtungen nach in Esalen/Kalifornien, wo Supervisoren geschult werden, um die Welteinheitsideologie mittels Gruppendynamik im Schneeballsystem zu verbreiten.

Hier liegt der deutlichste Berührungspunkt zwischen der „New-Age"-Bewegung und verschiedenen Schulen der Humanistischen Psychologie. Und hier spricht auch die Bibel eine deutliche Warnung aus: Das neue Zeitalter (new age) der vereinigten Menschheit ist nichts anderes als die Wegbereitung für das Reich des Antichristen, in dem alle „einerlei Meinung" haben (Offb 17,13). Nur die wirklichen Christen, die an Jesus Christus als dem alleinigen Erlöser und Herrn (Joh 14,6; Apg 4,12; 5,29) festhalten, werden dann „Außenseiter" sein (vgl. auch die Außenseiterrolle im gruppendynamischen Prozeß, in die derjenige gedrängt wird, der biblische Gebote und die Liebe zu Jesus höher achtet als die selbstgeschaffene „Gruppenmoral"). Stehen wir an der Schwelle zu diesem Zeitalter?

Das Mittel zur Vorbereitung des antichristlichen Reiches könnte gerade jene „ideale Kombination von jahrtausendealtem Wissen, eigenen Erfahrungen und modernen wissenschaftlichen Erkenntnissen" sein, von welcher der Verfasser von „bep" schwärmt – jene „Synthese aus Esoterik, Grenzwissenschaften, Parapsychologie, praktischer Psychologie, Managementwissen und angewandter Philosophie" (s.o.; a.a.O.). Erinnern wir uns, daß in ähnlicher Weise Bhagwan offenherzig die „Kombination von östlicher Mystik und westlicher Psychologie" (v.a. Gruppendynamik) als sein Erfolgsrezept zur Gefügigmachung seiner Anhänger bezeichnete!

Dave Hunt stellt in seinem Buch „Götter, Gurus und geheimnisvolle Kräfte" fest: „Die meisten Sekten und Kulte sind in ihren Grundlinien gleich."[158] „Diese Gemeinsamkeiten sprechen sehr für die Vermutung, daß hinter dem Vorhang ein einziger überlegener Geist alle Fäden der gegenwärtigen kultisch-okkulten Bewußtseinsrevolution in der Hand hält. Die Bibel nennt Satan ‚den Gott dieser Welt'."[159]

Die Mittel zur Vorbereitung des antichristlichen Weltreiches sind also da. Jeder Christ sollte wachsam sein und die Zeichen der Zeit beachten. Buchstäblich erleben wir heute die Erfüllung vieler Voraussagen der Bibel, z.B. Matthäus 24,24: „Denn mancher falsche Christus und falsche Propheten werden aufstehen und große Zeichen und Wunder tun, so daß, wenn es möglich wäre, auch die Auserwählten verführt würden." Falsche Propheten, „Christusse" und „Messiasse", Okkultisten, Ekstatiker und Pseudo-Charismatiker (im Unterschied zu echt von Gott Begabten) sind heute Legion. Die Suche nach dem Übersinnlichen und der eigenen Selbststeigerung, die Sucht nach Zeichen und Wundern bilden Einfallstore für Satan und seine falschen Propheten – außerhalb und innerhalb (!) der christlichen Gemeinde (vgl. 1. Joh 2,18 ff.; 4,1 ff. u.ö.). Der Weg „von unten nach oben" aber führt den Menschen nicht zu Gott, sondern zu Dämonen, die ihm vorgaukeln, er könne aus eigener Kraft die Grenzen seines Menschseins sprengen (vgl. 1. Mose 3,5).

Suchen wir deshalb nicht das Spektakuläre, sondern halten wir bis ans Ende fest am Kreuz Jesu

Christi, in dem alles Heil verborgen liegt! Denn es gilt nach wie vor: „Die Juden fordern Zeichen, und die Griechen fragen nach Weisheit, wir aber predigen den gekreuzigten Christus" (1. Kor 1,22 f.). „Das Wort vom Kreuz ist eine Torheit denen, die verloren werden; uns aber, die wir selig werden, ist's eine Gotteskraft" (1.Kor 1,18).

Anmerkungen

1 Gudjons, in: Becker/Gudjons/Koller, 9 ff. Im einzelnen: a) S. 9, b) u. c) S. 10, d) S. 11.
2 Stollberg, Wenn Gott, 186 f.
3 A. a. O., 187. Dem ist entgegenzuhalten, daß Zinzendorf z.B. nie ein aggressives Feedback-System hatte. Er verbot, „daß der eine oder andere verwundet wird" (G. Schmidt, „Herrnhuter Diarium 1727", Zeitschrift für Brüdergeschichte 1909/3, S. 83). Vgl. dagegen Stollberg (Fallbeispiel in 4.2) u.a.! Nicht seelische, sondern geistliche Gemeinschaft war Weg und Ziel Speners und Zinzendorfs (vgl. 4.5).
4 Hofmann, 12 ff.
5 S. den Buchtitel *Gruppenpsychotechnik*.
6 Die folgende Definition verdanke ich einer Anregung von S. Findeisen.
7 Die Begriffe „unfreezing", „change", „refreezing" gehen auf K. Lewin zurück (vgl. unten 2.2, insbesondere 2.2 a).
8 Nach dem Schindlerschen Modell unterscheidet man Alpha, Beta-, Gamma- und Omega-Positionen (also Führer-, Opponenten-, Mitläufer- und Außenseiter-Rollen); ferner: Schweiger, Tarner, Sensible, Rationalisierer, Helfer, Störer, Schizoide, Zwanghafte, Hysterische usw. – Vgl. E. R. Kiesow, „Selbsterfahrung im Theologiestudium?", in: Wintzer, 228.
9 Für eine nähere Beschreibung der einzelnen Methoden vgl. Günther, ibw 1/77,5 ff.
10 Back („Landschaft", GD 4/74, 251 ff.) weist in diesem Zusammenhang nach, daß die Grenzen zwischen erfahrungs- und zielorientierten Veranstaltungen fließend sind und daß außerdem „selbst die extremsten Encounter-Zentren ihnen höchst fremde Techniken benutzen, um Änderungen zu bewirken".

11 Gekürzt zitiert nach R. Cohn, „Das Thema als Mittelpunkt interaktioneller Gruppen", in: Kutter, 161 f.; und: Cohn in GD 3/74.
12 P. Beyerhaus, „Christus oder Antichrist? Wahrheit und Ideologie im Kampf um die Welt", in: ders. (Hrsg.), Ideologien, 167–190 (hier: 170, Fußnote).
13 A. a. O., 170 ff.
14 P. Tillich. Die Geisteslage der Gegenwart, 1930, in: Gesammelte Werke X, 110.
15 P. Tillich, Systematische Theologie I, 161.
16 P. Tillich, Christentum, 15.
17 S. Findeisen, „Gruppendynamik in der Krise der Kirche", in: Reller/Sperl, 91–117 (hier: 103).
18 Letzteres (Werkgerechtigkeit) gilt auch für den Islam, der somit auch zu den Religionen zu rechnen ist.
19 Daher auch der ursprüngliche Sinn von „Ideologie"; vgl. die Ideenlehre in Platons *Politeia*.
20 W. Künneth, „Ideologie und Evangelium in systematisch-theologischer Deutung", in: Beyerhaus (Hrsg.), Ideologien, 22–36 (hier: 24 ff.).
21 A. a. O., 26 ff.
22 Vgl. Ruitenbeek, 10 ff.
23 Moreno, Gruppenpsychotherapie: Vorwort (Hervorhebungen im Original).
24 Moreno, Gruppenpsychotherapie, 4 ff.
25 A. a. O., 2 f.
26 Moreno, „Die Psychiatrie des zwanzigsten Jahrhunderts als Funktion der Universalia Zeit, Raum, Realität und Kosmos", in: Petzold, 78 ff., besonders 85 ff.
27 Vgl. P. Pörtner, „Moreno und das moderne Theater", in: Petzold, 46.
28 Moreno, „Die Psychiatrie...", in: Petzold, 86.
29 H. B. Weiner, „Rollentherapie und Rollenspiel", in: Petzold, 64.

30 K. Lewin, 94.
31 A. a. O., 13.
32 A. a. O., 84.
33 A. a. O., 108.
34 A. a. O., 89.
35 A. a. O., 70.
36 A. a. O., 79.
37 Rogers, Kraft des Guten, 279.
38 A. a. O., 265.
39 Seine „grundlegende Hypothese" hierzu lautet: „Wirksame Beratung besteht aus einer eindeutig strukturierten, gewährenden Beziehung, die es dem Klienten ermöglicht, zu einem Verständnis seiner selbst in einem Ausmaß zu gelangen, das ihn befähigt, aufgrund dieser neuen Orientierung positive Schritte zu unternehmen" (Rogers, Die nicht-direktive Beratung, 28).
40 Rogers, Kraft des Guten, 272.
41 A. a. O., 276 (Hervorhebung im Original).
42 A. a. O., 283 ff.
43 A. a. O., 304.
44 A. a. O., 297.
45 A. a. O., 301.
46 A. a. O., 302.
47 A. a. O., 309.
48 G. Hörmann, „Encountergruppen", in: Meyer, 14 f.
49 Vgl. H. Petzold, „Gestalttherapie", in: Meyer, 22–24.
50 K. Gastgeber, „Gestalt-Gruppenarbeit als Hilfe für die Seelsorge", in: Scharfenberg, 81–94; hier: 83.
51 A. a. O., 91.
52 Diese Zitate aus: R. Cohn, GD 3/74, 150 ff.
53 R. Cohn, Von der Psychoanalyse ..., 224 ff.
54 J. Mayer-Scheu, „Lebendiges Lernen mit der Themenzentrierten Interaktion (TZI) nach Ruth C. Cohn", in: Scharfenberg, 53–69; hier: 56 (Hervorhebung im Original).

55 Im Verlauf emotionaler Eskalation wird dann auch die als Notbremse eingebaute Gegenregel „Realität hat den Vorrang" realitätsfremd, da der Trainer die Kontrolle a) über sich und b) über die Teilnehmer verlieren kann.
56 Siehe seinen so überschriebenen Aufsatz in Scharfenberg, 9–12.
57 A. a. O., 9.
58 A. a. O., 10 f.
59 A. a. O., 11.
60 A. a. O., 12.
61 Stollberg, Seelsorge durch die Gruppe, 187.
62 Zu letzterem s. Stollberg, Seelsorge praktisch, 29.
63 Stollberg, Mein Auftrag, 63.
64 Stollberg, Seelsorge durch die Gruppe, 191 (Hervorhebung im Original). – Damit ist a) der Zerstörung und b) der Neudefinition biblisch-theologischer Wahrheit und Begrifflichkeit (Gott, Kreuz, Auferstehung, Gemeinschaft usw.) – meist auf immanent-empirischer Ebene – Tür und Tor geöffnet; vgl. Pipers Neudefinition von „Theologia crucis" (Kreuzestheologie) „nicht als Lehre, sondern als ein Stück erfahrene und durchlittene Wirklichkeit": „Theologia crucis [...] ist eine Theologie, die das Menschliche des Menschen (auch sein Bedürfnis nach Glück und Freude) annimmt und ernst nimmt." (H. C. Piper, „Theologische Perspektiven und Erfahrungen im Clinical Pastoral Training", in: Wintzer, 200–208; hier: 205.)
65 Stollberg, Wenn Gott, 190.
66 A. a. O., 191.
67 Vgl. z. B. Horn (Hrsg.).
68 Vgl. bes.: Habermas, Kultur und Kritik; Habermas, Theorie der Gesellschaft; Habermas/Henrich, Reden.
69 Habermas spricht sich zwar nicht explizit für Gruppendynamik aus, setzt diese aber implizit voraus, wenn er fordert, zur Ermöglichung kompetenten Diskurses Kommunika-

tionsbarrieren zu überwinden durch Abarbeitung der individuellen Lebensgeschichten (vgl. Günther/Willeke, ibw 1/77, 17).
70 Fritz, 294.
71 A. a. O., 111.
72 A. a. O., 272.
73 Pagès, „Laboratorium", GD 1/73,20.
74 A. a. O., 21.
75 Siehe Pagès, „Neue Bemerkungen", GD 2/74.
76 Die Zusammenhänge werden hier exemplarisch für das Gebiet der Kirchen und Religionen aufgezeigt; sie bestehen aber auch auf anderen Gebieten, etwa dem der Politik.
77 Stollberg, Seelsorge praktisch, 9.
78 S. hierzu B. Affeld, „Durch Festrausch zur Weltverbrüderung? Gruppendynamik auf dem Düsseldorfer Kirchentag 1973", in: Künneth/Beyerhaus (Hrsg.), Reich Gottes, 244–263.
79 Beyerhaus, Bangkok '73.
80 A. a. O., 44.
81 „Berliner Ökumene-Erklärung 1974", in: Künneth/Beyerhaus (Hrsg.), Reich Gottes, 16–42; hier: 17.
82 A. a. O., 36.
83 Richter, 11.
84 Vgl. J. Mayer-Scheu/W. Ruff, „Einige theologische Thesen zur Gruppenarbeit", in: Scharfenberg, 136–147; hier: 136 f.
85 In diesem Kontext gehören auch Behauptungen von Gruppendynamikern, man könne in Gruppen erfahren, „was im urchristlichen Sinne Buße ist" (Deutsche Gesellschaft für Pastoralpsychologie), man könne Gott erfahren usw.
86 „[...] die evolutiven Ursprungstheorien gehören *nicht* zu dem experimentell und beobachtungsmäßig gesicherten Wissen der Gegenwart" (Beck, in: Düsing/Beck, 109 f.; Hervorhebung im Original), sondern sind weltanschaulich geprägt; vgl. zur Begründung dieser These allgemein die

Buchreihe „Wort und Wissen" (Neuhausen-Stuttgart 1979 ff.) und die Zeitschrift „factum" (Berneck 1979 ff.).
87 Vgl. den gleichlautenden Buchtitel von Skinner. Für die Betrachtung des Menschen als technisch lenkbares Wesen zeugen auch gruppendynamische Begriffe wie: Laboratorium, Feedback, Entstörung, Sender, Experiment usw. – und nicht zuletzt der Begriff „Gruppendynamik" selber.
88 Zur Kritik von (neo-)marxistischer Seite vgl. oben 2.5; diese wird hier nicht mehr gesondert aufgenommen.
89 Sieland, GD 6/76, 443.
90 Auch in der TZI bleibt zumeist die emotional-affektive Ebene Sieger (s. o. 2.4.2).
91 Ruitenbeek, 167.
92 Sieland, a. a. O., 444. – Wie Jourard (GD 1/73,27 ff.) andeutet, sind sogar manipulierende Versuchsanordnungen und systematische Meßfehler in die Methoden eingebaut.
93 Sieland, a. a. O., 445.
94 A. a. O., 450 f.
95 G. S. Odiorne, „The Trouble with Sensitivity Training", in: Golembiewski/Blumberg, 273–278 (hier: 274).
96 Sieland, a. a. O., 441 f.; daraus auch das folgende.
97 A. a. O., 444.
98 Batchelder/Hardy, 80 (Übersetzung vom Verf.).
99 Lieberman/Yalom/Miles, GD 4/74, 240 f.
100 A. a. O., 240.
101 Besier, 72.
102 Lieberman et.al., a.a.O., 241; zum folgenden s. 241 f.
103 A. a. O., 246 f. (zweites Zitat: 246).
104 Unbestreitbar sind Auswirkungen und Schädigungen vorhanden, aber diese lassen sich nicht objektiv in statistische Zahlen fassen. Das beweist auch der innere Widerspruch bei Lieberman et.al. und sollte durch die Gegenüberstellung ihrer verschiedenen Zahlen (in 3.8 und 3.9) deutlich

gemacht werden. Statistiken auf diesem Gebiet können lediglich Anhaltspunkte sein.
105 Back, „Landschaft", GD 4/74, 257.
106 Vgl. Back, Beyond Words, 224.
107 G. Hartmann, „Macht Gruppenarbeit süchtig?", in: Scharfenberg, 95–114; hier: 109.
108 Meyer, 101 (Artikel: E. Meyer, „Forschungsergebnisse im Bereich der Gruppenpädagogik und Gruppendynamik").
109 Günther, ibw 1/77,2.
110 M. Heidegger, Vorträge und Aufsätze, I, 78 f.
111 Stollberg, Seelsorge durch die Gruppe, 187.
112 Vgl. Zimmerli, 150 f.
113 Gelegentlich wird von Gruppendynamikern Luther angeführt mit seinem Satz „[...] wir werden neue Dekaloge machen". Einige Zeilen weiter heißt es jedoch bei Luther: „Dennoch, weil wir einstweilen ungleich an Geiste sind und das Fleisch dem Geiste feind ist, ist es nötig, auch um der Schwarmgeister willen, den gewissen Geboten und Schriften der Apostel anzuhangen, auf daß die Kirche nicht zerrissen werde." („Thesen de fide, zur Disputation vom 11. 9. 1535", Weimarer Ausgabe, Bd. 34/I, S. 47 f.; zitiert nach Hirsch, 94.)
114 Man unterscheide hier: Die Verwirkung der Gottebenbildlichkeit bedeutet nicht ihre Zerstörung; in Jesus wird sie aufs neue verwirklicht und dem Glaubenden rettend angeboten (2 Kor 4,4; Kol 1,15).
115 Es dürfte deutlich geworden sein, daß Sünde etwas viel Grundlegenderes ist als seelische Verkrampfung und dgl.; sie kann deshalb auch nicht durch die Gruppe „vergeben" werden, weder symbolisch noch real, sondern allein durch Gott im Namen Jesu. Selbst wenn nur Christen in der Gruppe sind (was die Voraussetzung wäre), gehört echte Sünde zunächst in die bevollmächtigte Seelsorge unter

vier Augen (Mt 18,15 ff.). Vgl. unten 5.1.

116 Der Eindeutigkeit wegen sei hier angemerkt, daß es sich bei Bonhoeffer *nicht* um ein dichotomisches Menschenbild handelt; s. das erste Zitat. Ferner sei angemerkt, daß E. Bethge irrt, wenn er im Nachwort zu *Gemeinsames Leben* (Bonhoeffer, 112) meint, daß Gruppendynamik „frei, stark und mündig" mache. Das Gegenteil ist der Fall (vgl. bei der empirisch begründeten Kritik vor allem 3.2, 3.5, 3.6).

117 Auch in vielen Sekten, esoterischen Zirkeln und in totalitären Systemen wird durch psychologische Druckmethoden Einstimmigkeit mit der Gruppe herbeigeführt; vgl. die Methode der „Gehirnwäsche".

118 Findeisen, „Gruppendynamik in der Krise der Kirche", in: Reller/Sperl, 105 (Hervorhebung im Original).

119 Z. B. Stollberg, Becker, Koller.

120 Zitiert von D. Koller, in: Becker/Gudjons/Koller, 66. Diese Bibelstelle bezieht sich aber gemäß ihrem Kontext auf das Zusammenleben der Gemeinde in christlicher Freiheit und Liebe, nicht auf eine von Koller postulierte Unversehrtheit der Schöpfungsordnungen allgemein. Auch die weitere von ihm zitierte Stelle, 1. Korinther 8,4 ff., bestreitet nicht etwa das Vorhandensein von „Göttern", soweit damit Dämonen gemeint sind, neben dem einen Gott, sondern nur ihre Macht, die für den, der Gott zum Vater hat, nichtig wird (vgl. Eph 6,11 ff.).

121 D. Koller, in: Becker/Gudjons/Koller, 67 f.

122 Wie Koller (a. a. O.) richtig wiedergibt, sind laut Markus 16,15 die Verheißungen des Evangeliums „aller Kreatur" zugesprochen. Der Taufbefehl hingegen ist rein personal gefaßt, da die Taufe mit dem persönlichen Glauben verbunden ist; vgl. Markus 16,16: „*Wer* da glaubt und getauft wird."

123 Zur Begriffserklärung: Grundsätzlich sind *Methode und*

Instrument zu unterscheiden. Ein Instrument (z.B. Messer) ist für sich gesehen neutral. Die Methode aber, mit der ich es einsetze (z.B. Brotschneiden oder Erstechen), ist nicht neutral. So ist innerhalb der Methode „Gruppendynamik" ein Spiel nicht mehr Spiel, sondern Mittel zum methodisch gesetzten Zweck, etwa zum Zweck des Auftauens oder Veränderns von Menschen. „Methode" umfaßt, begrifflich gesehen, einen Weg, der durch Ausgangs- und Zielpunkt begrenzt und definiert ist. Im Ausgangspunkt ist der Zielpunkt implizit schon mitgesetzt.

124 Vgl. die bekannte Erkenntnis Luthers: „Der Mensch wird entweder von Gott geritten oder vom Teufel" (De servo arbitrio).

125 Erschreckend ist der Mißbrauch, der mit gruppendynamisch veränderten Gebeten, Abendmahlsfeiern und Gottesdiensten betrieben wird. Sie werden als Instrumente zur Veränderung und Gleichschaltung von Menschen eingesetzt. Hier werden heilige und sakramentale Handlungen entweiht und in diabolischer Weise verzerrt (Diabolos = wörtlich „der Durcheinanderbringer").

126 Vgl. Stollberg, Seelsorge durch die Gruppe, 90: „Wir schlagen Wunden, aber wir verbinden sie auch."

127 Siehe die Dokumentation *Alternative Seelsorge* (idea 67/80).

128 G. Maier, „Biblisch-exegetische Erwägungen zum Thema ‚Seelsorge'", in: Alternative Seelsorge, idea 67/80, 3–10 (wieder abgedruckt in: Gassmann, Gefahr für die Seele, 139–148).

129 Alternative Seelsorge, 1.

130 G. Maier, a. a. O., 3.

131 A. a. O., 4.

132 Griech. „kerdainein" bezeichnet das predigende und seelsorgerliche Gewinnen.

133 A. a. O., 4 f.
134 Dennoch besitzt Gott Macht und Freiheit, auch durch unberufene oder unlautere Menschen zu wirken (deshalb z.B. Vertrauensschutz des Amtes; vgl. 1 Sam 1,12 ff.; Joh 11,49 ff.; Phil 1,15 ff.).
135 Hier sei angemerkt, daß es auch den Grenzfall unvergebbarer Sünde und deshalb eine Prüfungspflicht des Seelsorgers gibt (Mt 12,31; Joh 20,23; 1 Joh 5,16; Hebr 6,4 ff.; Hebr 10,26 ff.). Im Gegensatz dazu herrscht in gruppendynamisch orientierter Seelsorge das Prinzip absoluter Toleranz und eine illusionäre Verniedlichung von Sünden vor.
136 A. a. O., 5 f.
137 A. a. O., 6.
138 Nicht Petrus zerbricht, sondern seine Selbstgerechtigkeit. „[...] in der Alternative von billiger Gnade oder hartem Gericht würde der Mensch zerbrechen. Der gute Hirte geht den dritten Weg. Er nimmt Petrus ernst. Er behaftet ihn bei seiner Schuld, er ruft ihn zur Verantwortung" (F. Märkel, „Die Seelsorge Jesu", in: Reller/Sperl, 47–56; hier: 52).
139 G. Maier, a. a. O., 6 f.
140 A. a. O., 7.
141 Bach/Molter, Psychoboom; zit. nach: Ruppert, 166 (Hervorh. i. Orig.).
142 A. a. O., 159 f.
143 König, „Die sanfte Verschwörung...", in: Bibel und Gemeinde 1/86, 64 (Hervorh. i. Orig.).
144 bep. Bewußtseins-Erweiterungs-Programm, hg. v. H. J. Ament/United Human Organisation/New-Age-Magazin-Verlag o. J. (1985?), 27.
145 A. a. O., 3.
146 A. a. O.
147 A. a. O., 5.

148 A. a. O., 31.
149 Ruppert, New Age, 62.
150 A. a. O., 56.
151 Esotera Nr. 24/80, 1106.
152 A. a. O., 1113.
153 Ruppert, a. a. O., 56 f.
154 Die folgenden Zitate aus: E. Hanefeld, „New Age – was ist das eigentlich?", in: Esotera 1980, 141 ff.
155 Rogers, Die Kraft des Guten, 304.
156 A. a. O., 301 f.
157 S. hierzu: Gassmann, Gefahr für die Seele; ders., New Age; vgl. ferner: Hunt/Mc Mahon, Die Verführung der Christenheit.
158 Hunt, Götter, Gurus und geheimnisvolle Kräfte, 31.
159 A. a. O., 24.

Literaturverzeichnis

a) Dokumente, Quellen, Zeitschriftenaufsätze
(GD = Zeitschrift *Gruppendynamik)*

Affeld, B., „Unsere Kirchen zwischen Gruppendynamik und Geist Gottes", in: Diakrisis 2/83, S. 20–32

Alternative Seelsorge und Seelsorgeausbildung. Eine Stellungnahme von Lehrern des Albrecht-Bengel-Hauses in Tübingen (idea-Dokumentation Nr. 67/80)

Back, K. W., „Die Landschaft der Gruppenbewegung", in: GD 4/74, S. 249–258

Becher, W., „Klinische Seelsorgeausbildung in der Bundesrepublik Deutschland", in: GD 5/74, S. 320–328

Die Bekenntnisschriften der evangelisch-lutherischen Kirche, Göttingen, 8. Aufl., 1979

Brunswick, E., „Organismic Achievement and Environmental Probability", in: Psychological Review 50 (1943), S. 225 ff.

Cohn, R., „Zur Grundlage des themenzentrierten interaktionellen Systems", in: GD 3/74, S. 150–159

Garfinkel, H., „Bedingungen für den Erfolg von Degradierungszeremonien", in: GD 2/74, S. 77–83

Gassmann, L., „Ist Gruppendynamik harmlos?", in: factum Nr. 5/85, S. 16–23

Gassmann, L., „Wie begegne ich einer gruppendynamischen Situation?", in: Diakrisis 2/83, S. 32 f.

Günther, H./Willeke, C. u. R., „Warnung vor undifferenzierter Anwendung der Gruppendynamik im kirchlichen Bereich", in: ibw-Journal 1/77

Handreichung zu Fragen der Pastoralpsychologie und Gruppendynamik, hrsg. von der Württembergischen Landessynode, Stuttgart, 1979

Hartmann, G., „Durch die Gruppe frei von der Gruppe", in: Wege zum Menschen 27 (1975), S. 178 ff.

Hirsch, E., *Hilfsbuch zum Studium der Dogmatik,* Berlin, 4. Aufl., 1964

Hüppauf, E., „Hilft Selbsterfahrungslernen zur Entwicklung politischen Bewußtseins?", in: GD 1/73, S. 5–18

Jourard, S. M., „Brief einer Vp an einen Vl", in: GD 1/73, S. 27–30

König, R., „Die sanfte Verschwörung". Gedanken zur New-Age-Bewegung, in: Bibel und Gemeinde Nr. 1/86, S. 63–77

Lieberman, M. A./Yalom, I.D./Miles, M. B., „Die Wirkung von Encountergruppen auf ihre Teilnehmer – einige vorläufige Hinweise", in: GD 4/74, S. 231–248

London, I. D.., „Psychologist's Misuse of the Auxiliary Concepts of Physics and Mathematics", in: Psychological Review 51 (1944), S. 266 ff.

Maier, G., „Biblisch-exegetische Erwägungen zum Thema ‚Seelsorge'", in: Alternative Seelsorge (idea-Dokumentation 67/80), S. 3–10

Pagès, M., „Das Laboratorium mit flexiblen Strukturen", in: GD 1/73, S. 18–26

Pagès, M., „Ein hochschuldidaktisches Experiment", in: GD 3/71, S. 284–295

Pagès, M., „Neue Bemerkungen über das affektive Leben der Gruppen", in: GD 2/74, S. 104–125

Sieland, B., „Zur Kritik an gruppendynamischen Laboratorien", in: GD 6/76, S. 441–454

Stoll, C. D., „Biblisch orientierte Seelsorge und Seelsorgeausbildung", in: Alternative Seelsorge (idea-Dokumentation 67/80), S. 29–35

b) Monographien und Sammelbände

Adams, J. E., *Befreiende Seelsorge,* Gießen, 4. Aufl., 1977
Ammon, G., *Gruppendynamik der Aggression,* München 1973
Bach, G. R./Molter, H., *Psychoboom,* Düsseldorf/Köln 1976
Bachmann, C. H. (Hrsg.), *Kritik der Gruppendynamik,* Frankfurt/M. 1981
Back, K. W., *Beyond Words. The Story of Sensitivity Training and the Encounter Movement,* Baltimore 1972
Barth, K., *Kirchliche Dogmatik,* München 1932 ff.
Batchelder, R. L./Hardy, J. M., *Using Sensitivity Training and the Laboratory Method,* New York 1968
Beck, H. W., *Gruppenpsychotechnik,* Wuppertal 1978
Becker, W./Gudjons, H./Koller, D., *Christen nehmen Stellung: Gruppendynamik,* Kassel 1974
Besier, G., *Seelsorge und Klinische Psychologie,* Göttingen 1980
Beyerhaus, P., *Bangkok '73 – Anfang oder Ende der Weltmission? Ein gruppendynamisches Experiment,* Bad Liebenzell, 2. Aufl., 1973

Beyerhaus, P. (Hrsg.), *Ideologien – Herausforderung an den Glauben*, Bad Liebenzell 1979

Bonhoeffer, D., *Gemeinsames Leben*, München, 18. Aufl., 1982

Brezinka, W., *Erziehung und Kulturrevolution. Die Kulturpolitik der Neuen Linken*, München 1974

Cohn, R., *Von der Psychoanalyse zur themenzentrierten Interaktion*, Stuttgart, 4. Aufl., 1980

Düsing, E./Beck, H. W., *Menschenwürde und Emanzipation*, Neuhausen-Stuttgart 1981

Estes, W. K., et.al. (Hrsg.), *Modern Learning Theory*, New York 1954

Ferguson, M., *Die sanfte Verschwörung. Persönliche und gesellschaftliche Transformation im Zeitalter des Wassermanns*, Basel 1982

Fritz, J., *Emanzipatorische Gruppendynamik*, München 1974

Gassmann, L. (Hrsg.), *Gefahr für die Seele. Seelsorge zwischen Selbstverwirklichung und Christuswirklichkeit*, Neuhausen-Stuttgart 1986

Gassmann, L., *New Age – kommt die Welteinheitsreligion?*, Bad Liebenzell, 3. Aufl., 1988

Golembiewski, R.T./Blumberg, A.(Hrsg.), *Sensitivity Training and the Laboratory Approach*, Itasca 1970

Habermas, J., *Erkenntnis und Interesse*, Frankfurt/M. 1969

Habermas, J., *Kultur und Kritik*, Frankfurt/M. 1973

Habermas, J., *Theorie der Gesellschaft oder Sozialtechnologie*, Frankfurt/M. 1971

Habermas, J./Henrich, D., *Zwei Reden*, Frankfurt/M. 1974

Heigl-Eves, A. (Hrsg.), *Gruppendynamik*, Göttingen 1973

Hofmann, H. K., *Psychonautik STOP,* Wuppertal 1977

Hollweg, A., *Gruppe, Gesellschaft, Diakonie,* Stuttgart 1976

Horn, K. (Hrsg.), *Gruppendynamik und der subjektive Faktor. Repressive Entsublimierung und politisierende Praxis,* Frankfurt/M. 1972

Hunt, D., *Götter, Gurus und geheimnisvolle Kräfte. Was steckt hinter dem Sekten-Boom?,* Basel/Gießen 1984

Hunt, D./Mc Mahon, T. A., *Die Verführung der Christenheit. Positives Denken – „Power Evangelism" – Innere Heilung – New Age in der Gemeinde – Visualisierung – u.a.,* Bielefeld 1987

Jentsch, W., *Der Seelsorger, Beraten – Bezeugen – Befreien,* Moers 1982

Künneth, W., *Fundamente des Glaubens,* Wuppertal 1975

Künneth, W./Beyerhaus, P. (Hrsg.), *Reich Gottes oder Weltgemeinschaft? Die Berliner Ökumene-Erklärung zur utopischen Vision des Weltkirchenrates,* Bad Liebenzell 1975

Kutter, P. (Hrsg.), *Gruppendynamik der Gegenwart,* Darmstadt 1981

Lewin, K., *Die Lösung sozialer Konflikte,* Bad Nauheim, 3. Aufl., 1968

Lück, I., *Alarm um die Schule. Kritische Auseinandersetzung mit der gegenwärtigen Erziehungs-Situation. Die neomarxistische Unterwanderung,* Neuhausen-Stuttgart 1979

Marcuse, H., *Der eindimensionale Mensch,* Neuwied 1972

Marcuse, H., *Versuch über die Befreiung,* Frankfurt/M. 1969

Marrow, A. J., *Kurt Lewin – Leben und Werk*, Stuttgart 1977

Meyer, E. (Hrsg.), *Handbuch Gruppenpädagogik – Gruppendynamik*, Heidelberg 1977

Moreno, J. L., *Gruppenpsychotherapie und Psychodrama*, Stuttgart 1959

Perls, F., *Gestalttherapie in Aktion*, Stuttgart 1974

Petzold, H. (Hrsg.), *Angewandtes Psychodrama in Therapie, Pädagogik, Theater und Wirtschaft*, Paderborn 1972

Rattner, J., *Homosexualität – Psychoanalyse und Gruppentherapie*, Olten 1973

Reich, W., *Die sexuelle Revolution. Zur charakterlichen Selbststeuerung des Menschen*, Frankfurt/M., 7. Aufl., 1971

Reller, H./Sperl, A. (Hrsg.), *Seelsorge im Spannungsfeld Bibelorientierung – Gruppendynamik*, Hamburg 1979

Richter, H. E., *Die Gruppe – Hoffnung auf einen neuen Weg, sich selbst und andere zu befreien*, Reinbek 1972

Rohrmoser, G., *Das Elend der kritischen Theorie*, Freiburg, 3. Aufl., 1970

Rohrmoser, G., *Emanzipation und Freiheit*, München 1970

Rogers, C. R., *Encounter-Gruppen*, München 1974

Rogers, C. R., *Die Kraft des Guten*, München 1977

Rogers, C. R., *Die nicht-direktive Beratung*, München 1972

Ruitenbeek, H. M., *Die neuen Gruppentherapien*, Stuttgart 1974

Ruppert, H. J., *New Age – Endzeit oder Wendezeit?*, Wiesbaden 1985

Scharfenberg, J. (Hrsg.), *Glaube und Gruppe*, Göttingen u. Wien 1980

Schütz, W., *Seelsorge*, Gütersloh 1977

Skinner, B. F., *Jenseits von Freiheit und Würde*, Hamburg 1973

Skinner, B. F., *Was ist Behaviorismus?*, Reinbek 1978

Stollberg, D., *Mein Auftrag – deine Freiheit*, München 1972

Stollberg, D., *Seelsorge praktisch*, Göttingen 1970

Stollberg, D., *Seelsorge durch die Gruppe*, Göttingen, 3. Aufl., 1975

Stollberg, D., *Wenn Gott menschlich wäre*, Stuttgart 1978

Tacke, H., *Glaubenshilfe als Lebenshilfe*, Neukirchen-Vluyn 1975

Tillich, P., *Das Christentum und die Begegnung der Weltreligionen*, Stuttgart 1964

Tillich, P., *Gesammelte Werke*, Stuttgart 1959 ff.

Tillich, P., *Systematische Theologie*, Stuttgart 1958 ff.

Thurneysen, E., *Die Lehre von der Seelsorge*, Zürich, 5. Aufl., 1980

Wanner, W., *Signale aus der Tiefe*, Gießen, 2. Aufl., 1977

Westermann, C., *Genesis 1-11*, Neukirchen-Vluyn, 2. Aufl., 1976

Willeke, C. u. R./Günther, H., *Kritische Beiträge zur Gruppendynamik*, Stuttgart 1975

Wintzer, F. (Hrsg.), *Seelsorge. Texte zum gewandelten Verständnis und zur Praxis der Seelsorge in der Neuzeit*, München 1978

Zimmerli, W., *Grundriß der alttestamentlichen Theologie*, Stuttgart, 3. Aufl., 1978

Fremdwörterverzeichnis

Affekt	Gemütsbewegung, stärkere Erregung, oft unter Ausschaltung sonst bestehender Hemmungen
Akkumulation	Anhäufung
Aktivismus	zielstrebiges Vorgehen, Tätigkeitsdrang
Akzeptation	Annahme
Analogie	Entsprechung
Analyse	systematische Untersuchung eines Gegenstandes oder Sachverhaltes hinsichtlich einzelner Bestandteile und Faktoren
Anarchismus	Verneinung jeder (staatlichen) Ordnungsgewalt
Anthropologie	Lehre vom Menschen und seinem Dasein
Antizipation	Vorwegnahme
Authentizität	Echtheit, Zuverlässigkeit, Glaubwürdigkeit
Autonomie	Selbständigkeit, Unabhängigkeit (sich selber Gesetze geben)
Axiom	(in Wissenschaften und Weltanschauungen:) Grundsatz, der allgemein anerkannt wird und keines Beweises bedarf
Behaviorismus	psychologische Forschungsrichtung, die das äußerlich wahrnehmbare Verhalten von

	Lebewesen untersucht
Credo	Glaubensbekenntnis
dämonisch	teuflisch, eine unheimliche Macht ausübend
Deformierung	Verformung
Dekalog	Die Zehn Gebote
Demokratisierung	einem Staat eine demokratische Verfassung geben; auch: (Forderung nach) Teilnahme aller an der Ausübung von Herrschaft und Kontrolle (als politisches Schlagwort u. a. bei der Neuen Linken)
Desensibilisierung	eine Person oder Gruppe für bestimmte Einflüsse unempfindlich machen; Gegensatz von Sensibilisierung
Dialektik	geistige Arbeitsmethode, die ihre Ausgangsstellung (These) durch gegensätzliche Behauptung in Frage stellt (Antithese), um schließlich in der Verbindung (Synthese) der beiden eine Erkenntnis höherer Art zu suchen (Hegel; Marx)
Dialektische Theologie	betrachtet Offenbarung als paradoxe Gegensatzeinheit von Zeit und Ewigkeit, von Gott und Mensch; betont die Souveränität des Wortes Gottes (K. Barth)
Differenzierung	Unterscheidung, Zergliederung
direktiv	Verhaltensregeln gebend

Diskrepanz	Unstimmigkeit, Mißverhältnis
Diskurs	Gespräch, Erörterung, Verhandlung
Dogma	Glaubensgrundsatz mit unbedingter Geltung
Dogmatik	Lehre von den Dogmen
Dysfunktion (dysfunktional)	gestörte Funktion, Störung (z.B. in einem System oder Körperorgan)
Effektivität	Wirksamkeit
Emanzipation	Befreiung aus einem Zustand der Abhängigkeit
Emotion	Gemütsbewegung, Gefühlserregung
Emotionalisierung	Hervorrufen von Emotionen
Empathie	Einfühlung
Empirie	Erfahrung(swissenschaft)
empirisch	auf Erfahrung beruhend; mit Hilfe der Erfahrungswissenschaft
Encounter	(gruppendynamische) Begegnung(sgruppe)
esoterisch	nur für Eingeweihte bestimmt; (religiöse u.a.) Gebräuche eines in sich abgeschlossenen (Geheim-)Verbandes
Evolutionismus	Lehre, daß sich das Leben von einfacheren zu immer höheren Formen entwickelt; zuerst in der Biologie (Darwin, Haeckel), dann auch in Psychologie, Soziologie, Ethnologie

Exegese	Auslegung (z.B. der Bibel)
Existential	Wesensmerkmal menschlichen Daseins (Heidegger)
Existentialismus	philosophische Richtung, die das Sein des Menschen und seine Befindlichkeit (Existenz) in den Mittelpunkt stellt (Heidegger; Camus; Sartre)
Exorzismus	Austreibung von Teufeln bzw. Dämonen
extern	äußerlich (Gegensatz: intern)
Feedback	Rückkoppelung; in der Gruppendynamik: Mitteilung an eine Person, die diese davon informiert, wie ihre Verhaltensweisen von anderen wahrgenommen, verstanden und erlebt werden
Frustration	Enttäuschung; Wünsche werden nicht erfüllt
futurisch	zukünfig, zukunftsorientiert
homogen	einheitlich, gleichartig (Gegensatz: heterogen)
Humanismus	Menschlichkeit; Bildungsziel, das den freien (meist autonomen) Menschen und menschenwürdige Daseinsformen anstrebt
Humanwissenschaften	Wissenschaften, die sich mit dem Menschen beschäftigen
Hypothese	Annahme; unbewiesene und später noch zu beweisende Arbeitsgrundlage

Idealismus	Lehre von der Ableitung des Seins und der Weltanschauung aus Ideen (Urbildern) und Idealen
Identifikation	Prozeß des gefühlsmäßig-intuitiven Hineinversetzens in einen anderen Menschen und die Übernahme wesentlicher Eigenschaften und Verhaltensweisen in das eigene Ich
Identität	vollständige Übereinstimmung in allen Merkmalen; Übereinstimmung mit sich oder anderen
Immanenz	der sicht- und erfahrbare, innerweltliche Bereich der Wirklichkeit. Gegensatz: Transzendenz
implizit	einbezüglich
Indikation	Anzeichen bzw. Fall, wo die Anwendung bestimmter Behandlungsmittel bzw. -methoden angezeigt erscheint; Gegensatz: Kontraindikation
Individualismus	Lehre vom Vorrang des Einzelwesens (Individuums) vor dem (gesellschaftlichen) Ganzen. Gegensätze: Kollektivismus, Universalismus
Infantilisierung	Zurückführen oder -fallen auf eine kindliche Stufe
Inkarnation	Fleischwerdung; meint insbesondere die Menschwerdung Gottes in Jesus

Inspiration	Eingebung, Erleuchtung
Institution	Einrichtung
Integration	Vereinigung zu einem Ganzen
Intellektualismus	einseitige Betonung des Verstandes (Intellekt) gegenüber Willen, Handeln und Gemüt
Interaktion	Wechselbeziehung zwischen Handlungen; auch: Sozialbeziehungen
Interdependenz	gegenseitige Abhängigkeit
intergruppal	Strukturen zwischen Gruppen betreffend
intragruppal	Strukturen innerhalb einer Gruppe betreffend
Katalysator	Stoff bzw. Sache, der/die durch seine/ihre bloße Anwesenheit bestimmte (z.B. chemische) Vorgänge herbeiführt oder lenkt
kognitiv	die Erkenntnis betreffend, erkenntnismäßig
Kollektivismus	Lehre vom Vorrang des gesellschaftlichen Ganzen vor dem Einzelwesen. Gegensatz: Individualismus
Komplexität	Vielfältigkeit
konditionieren	die gewünschte Bedingung geben oder verschaffen
Konformität	Übereinstimmung von Denk- und Verhaltensweisen von Mitgliedern einer sozialen Gruppe, v.a. durch Anpassung an Normen, Sitten und

	Gebräuche
Konfrontation	Gegenüberstellung, Auseinandersetzung
Konsens	Übereinstimmung, Zustimmung
konservativ	hier: zurückhaltend, vorsichtig
Kontext	Zusammenhang
Kontinuität	Stetigkeit, Fortdauer, lückenloser Zusammenhang
Kontraindikation	Umstand, der die Anwendung einer bestimmten (Behandlungs-)Methode verbietet; Gegensatz zur Indikation
Kontrollperson	bei wissenschaftlichen Versuchen (Experimenten): Person, die im Gegensatz zur Versuchsperson nicht an dem Versuch teilgenommen hat, deren Verhalten aber mit dem der Versuchsperson verglichen wird, um genauer festzustellen, welchen Einfluß das Experiment auf Personen hat
Konvertit	jemand, der zu einem anderen Glauben übergewechselt ist
Korrelation	Wechselbeziehung
kosmisch	zum Weltall, Weltganzen gehörig
legitim	rechtmäßig, zu Recht
Liberalismus	sieht die Freiheit des einzelnen als grundlegende Norm

	menschlichen Zusammenlebens an
libidinös	auf geschlechtliche Lust bezogen
Manipulation	Steuerung in eine bestimmte und beabsichtigte Richtung, kaum merkliche Beeinflussung
Materialismus	Lehre von der Gesamtheit des Wirklichen als Erscheinungsform oder Auswirkung der Materie, des Stofflichen. Gegensatz: Idealismus
Meditation	sinnende, sich hingebende Betrachtung, religiöse Versenkung
Metaphysik	derjenige Zweig der Philosophie, der aus dem Bereich der durch die fünf Sinne erfahrbaren Wirklichkeit (physis) hinüberschreitet in den Bereich der ersten Prinzipien und letzten Ursachen des Seins
Mystik	Versenkung der Seele mit dem Ziel unmittelbarer Vereinigung mit Gott
Mythos	(Götter)erzählung, in der der Mensch des Altertums seine Vorstellung über Götter und Welt zum Ausdruck brachte
Neurose	Erkrankung des Nervensystems ohne körperliche Ursachen

non-direktiv	keine Verhaltensregeln gebend
nonverbal	ohne Worte, nichtsprachlich
Okkultismus	Lehre von bzw. Umgang mit unsichtbaren Mächten und ihrer Wirksamkeit (Bereich des Aberglaubens, des Dämonischen und Widergöttlichen)
ökonomisch	die Wirtschaft betreffend
ökumenisch	umfassende Einheit(sbestrebungen) der Kirchen (und Religionen) betreffend
Ontologie	(in der Philosophie:) Seinslehre
Orthodoxie	Rechtgläubigkeit; die Übereinstimmung von Lehre und Glaubensanschauung mit dem festgelegten Bekenntnis einer Religion oder Kirche
Pädagogik	Lehre bzw. Wissenschaft von der Erziehung
Pantheismus	religiöse Lehre, nach der Gott in allen Dingen der Welt existiert bzw. Gott und Weltall identisch sind; leugnet die Existenz einer von der Welt getrennt möglichen, transzendenten Gottheit
Paranoia	Geisteskrankheit mit Wahnvorstellungen
Paränese	Ermahnung
Pastoralpsychologie	Wissenschaft innerhalb der Praktischen Theologie, die das psychotherapeutische

	Seelsorgegespräch untersucht und betreibt
Perversion	Verkehrung, Entartung
Phänomenologie	Lehre von den Erscheinungen (Phänomenen); Philosophie: will das im Bewußtsein Gegebene unter Ausklammerung der Frage nach seiner empirisch-zufälligen Wirklichkeit rein in seiner Wesenheit zur Anschauung bringen
Plazeboeffekt	Wirkung ohne nachweisbare Ursache, aufgrund von Einbildung (z.B. Scheinmedikamente in der Medizin)
Pluralismus	Vielgestaltigkeit; Vielfalt von Geistesströmungen
Positivismus	Anschauung, die nur mit dem Positiven, d. h. Tatsächlichen, Sicheren und Wirklichen arbeiten will
Postulat	Forderung
Potenzierung	Verstärkung, Steigerung
Pragmatismus	Anschauung, die Denken und Wissen ausschließlich unter dem Gesichtspunkt der Nützlichkeit sieht
Proletariat	Arbeiterklasse (insbes. im Marxismus)
psychisch	seelisch
Psychodrama	Verfahren der tiefenpsychologischen Gruppentherapie, bei dem die Patienten ihre Konflikte durch improvisierte

	Übernahme wechselnder Rollen schauspielerisch ausdrücken
Psychologie	Lehre und Wissenschaft von den Erscheinungen und Zuständen des bewußten und unbewußten Seelenlebens
Psychose (psychotisch)	seelische Störung, Geisteskrankheit
psychosomatisch	den Zusammenhang von Seele und Leib betreffend; psychosomatische Krankheit: Krankheit des Körpers mit seelischen Ursachen
Psychotherapie	Heilverfahren im seelischen Bereich
reaktionär	Veraltetem anhängend, rückschrittlich, rückständig
Reduktion	Verengung, Zurückführung
Regression	Rückfall in einen früheren Entwicklungsabschnitt des Lebens
Relativismus	Auffassung, die keine allgemeingültigen Werte und Maßstäbe anerkennt, sondern betont, daß sich Maßstäbe aus den jeweiligen Verhältnissen ergeben müssen
Relevanz	Wichtigkeit, Erheblichkeit
Repression	Zurückhaltung, Hemmung
Rezeption	Aufnahme, Übernahme
Rollendistanz	liegt vor, wo jemand sich von seiner (gesellschaftlichen)

	Rolle distanziert (Abstand nimmt); Gegensatz: Rollenkonformität
Rollenspiel	Spiel mit austauschbaren Rollen; kann gruppendynamisch eingesetzt werden (z.B. als Psycho- oder Soziodrama)
Säkularisation	Verweltlichung
Schizophrenie	Bewußtseinsspaltung
Sensibilisierung	das Empfindsammachen bzw. -werden für bestimmte Einflüsse
Sensitivität	Empfindsamkeit
Sensitivity-Training	gruppendynamische Schulung zur Steigerung der Selbst- und Fremdwahrnehmung
Solidarität	Zusammengehörigkeitsgefühl
Soteriologie	Lehre von der Erlösung des Menschen
Soziogramm	graphische Darstellung des Beziehungsgefüges (Sympathien und Antipathien) in einer Gruppe
Soziologie	Lehre und Wissenschaft von den Gesetzmäßigkeiten und Formen menschlichen Zusammenlebens der Gesellschaft
Soziometrie	Anwendung von Meßverfahren in der Sozialwissenschaft; speziell: Verfahren zur Erfassung von Sympathie- und Antipathiebeziehungen in der Gruppe
Subjekt	das Ich als bewußtes Wesen

	mit Denken, Fühlen und Wollen
Subjektivismus	die Lehre, daß Form und Inhalt des Erkennens vom Subjekt bestimmt werden
Sublimierung	Umsetzung einer primitiven Triebregung in kulturelle Leistung oder künstlerische Gestaltung
suggestiv	beeinflussend
Symbol	Zeichen
Synkretismus	Vermischung verschiedener Religionen, Weltanschauungen oder Systeme zu einem neuen Ganzen
Therapie	(Lehre von der) Behandlung von Krankheiten
Toleranz	Duldung
Totalitarismus	das Prinzip jener (vor allem politischen) Herrschaft, die sämtliche Lebensbereiche der von ihr beherrschten Menschen unter Kontrolle haben will
Transfer	Übertragung, Anwendung; z.B. Anwendung von Gelerntem auf das Alltagsleben
transparent	„durchsichtig", d.h. klar erkennbar
Transzendenz	der Bereich des Jenseits, des Übersinnlichen; Gegensatz: Immanenz
Universalismus	Lehre vom Vorrang des Ganzen und Allgemeinen vor

Utopie	dem Einzelnen; in der Theologie: Allversöhnung(slehre) (wörtl. „Nirgendland") Idealvorstellung; als unausführbar geltender Plan, Wunschziel
Vakuum	Leerraum
verbal	sprachlich, mit Worten
Verdikt	Urteil(sspruch)

Weitere Veröffentlichungen des Verfassers

Eine Auswahl

Abtreiben? Fragen und Entscheidungshilfen, Stein a. Rh., 2. Aufl. 1989, 111 S.

Anthroposophie und Bibel. Eine kritische Untersuchung, ca. 400 S. (in Vorbereitung)

Freude. Das *andere* Liederbuch, Bad Liebenzell 1991, 140 S.

Gefahr für die Seele. Seelsorge zwischen Selbstverwirklichung und Christuswirklichkeit, Neuhausen-Stuttgart 1986, 197 S.

Die Grünen – eine Alternative? Kritische Überlegungen, Neuhausen-Stuttgart, 3. Aufl. 1987, 142 S.

Hilfe zum Leben. 100 Jahre Pforzheimer Stadtmission (Festschrift: historischer Teil), Pforzheim 1991, 32 S.

Ist Jesus auferstanden? Ja!, Neukirchen-Vluyn 1985, 43 S.

Ein Konzil für den Frieden? Kritische Stellungnahmen zur „Weltversammlung für Gerechtigkeit, Frieden und die Bewahrung der Schöpfung", Asslar, 2. Aufl. 1990, 188 S.

Mit Jesus über Brücken geh'n. Antwort auf Glaubensfragen, Bad Liebenzell 1987, 80 S.

New Age. Kommt die Welteinheitsreligion?, Bad Liebenzell, 3. Aufl. 1988, 164 S.

Okkultismus, östliche Religionen und die New-Age-Bewegung. Eine Orientierungshilfe, Bad Liebenzell 1990, 70 S.

Öko. Auf der Suche nach der heilen Welt. Erfahrungen eines Umweltschützers, Neuhausen-Stuttgart, 2. Aufl. 1988, 94 S.

Die Zukunft findet doch statt! Die Krisen der Welt und die Zeichen der Zeit, Bad Liebenzell 1991, 104 S.

NEU

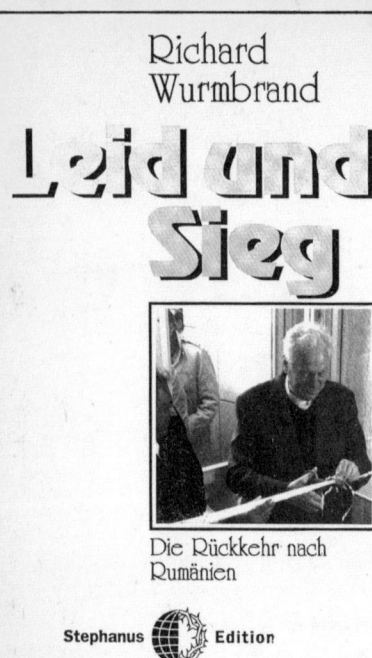

Richard Wurmbrand

Taschenbuch
Format 11 x 18 cm
ca. 150 Seiten
Preis ca. DM 15,80

ISBN
3-922816-06-1
erscheint
III. Quartal

Bestell-Nr. B 171

Auf den Tag genau nach 25 Jahren kam Richard Wurmbrand nach Rumänien zurück, in das Land, dessen kommunistische Regierung ihn zu 14 Jahren Gefängnis verurteilt hatte.

Aber das ihm angetane Leid wurde gesühnt. Die Rückkehr ist ein Triumph. Gott hat ausgeglichen.

Dieses Buch erzählt vom Glauben und Sieg der Gefolterten.

Stephanus Edition · Postfach 1160 · 7772 Uhldingen